全新图解版

点石成金：
投资大师炼金术

李成思/著　夏易恩/绘

中国华侨出版社

目录

前言 8

欧美篇·投资大师

1 本杰明·葛拉汉：价值投资的鼻祖/10

"股市行为必然是一个令人困惑的行为，否则稍懂一点知识的人就能获利。投资者必须着眼于价格水准与潜在或核心价值的相互关系，而不是市场上正在做什么或将要做什么的变化。"

2 菲利普·费雪："成长股之父"/20

"股票市场本质上具有欺骗投资人的特性。跟随他人当时在做的事去做，或者依据自己内心不可抗拒的呐喊去做，事后往往证明是错的。"

3 沃伦·巴菲特：永远的"股神"/29

"在别人贪婪的时候，我们要恐惧；在别人恐惧的时候，我们要贪婪。"

4

彼得·林奇：全美职业炒家 /44

"不要相信专家意见，专家不能预测到任何东西。相信成功得来不易，而且从小培养下一代成功致富观念的人，才是掌握命运、掌握财富、信奉智慧的人。"

5

约翰·坦伯顿："全球投资之父" /56

"牛市因为悲观情绪而诞生，因为疑虑交加而成长，因为乐观情绪而成熟，因为亢奋狂喜而死亡。"

6

马克·墨比尔斯："新兴市场投资教父" /65

"要在潮湿（即具有流动性）的国家中购买潮湿的股票，别在干燥（即缺乏流动性）的国家中购买干燥的股票。"

7

约翰·聂夫：逆向投资者的胜利 /76

"投资成绩的好坏往往并不取决于某人是否掌握了某种投资'圣经'，而是取决于投资者是否能够坚持简单却符合逻辑的投资策略。"

8 罗伊·纽柏格：美国"共同基金之父"/85

"'羊市'与时装业有些类似。时装大师设计新款时装，二流设计师仿制它，千千万万的人追赶它，所以裙子忽短忽长。"

9 安东尼·波顿：英国最知名的投资基金经理/94

"试图领先其他人两步——想清楚有什么是今天遭到市场忽视，却可能在未来重燃兴趣的。就像下棋一样，如果能够比别人提早一步想到，通常都会有收获。"

10 乔治·索罗斯："国际金融大鳄"/101

"在一个行业选择股票时，可同时选择最好和最坏的两家公司进行投资。"

11 杰西·李佛摩尔："华尔街巨熊"/111

"驱动股市的不是理智、逻辑或纯经济因素；驱动股市的是从来不会改变的人的本性。它不会改变，因为它是我们的本性。"

12 吉姆·罗杰斯：做自己熟悉的事/119

"投资的法则之一是——袖手不管，除非真有重大事情发生。而大部分的投资人总喜欢进进出出，找些事情做，就是没有办法坐下来等待趋势的自然发展。"

13 安德烈·科斯托兰尼：刺激国家神经的大投机家/127

"有一个男子带着狗在街上散步，狗先跑到前面，再回到主人身边；接着，又跑到前面，看到自己跑得太远，又折回来。最后，他俩同时抵达终点，男子悠闲地走了一公里，而狗走了四公里。男子就是经济，狗则是证券市场。"

14 伯纳德·巴鲁克：斩断亏损，让利润奔跑/136

"犯错势在难免，失误后唯一的选择便是在最短时间内停损。不要试图买在底部、卖在顶部。"

15 威廉·江恩：技术分析大师/144

"时间是决定市场走势的最重要因素，经过详细研究及个别股票的历史记录后，你将可以证明历史确实重复发生；而了解过去，你就可以预测未来。"

16

威廉·欧尼尔：抓住领涨股/153

"牛股基因如下：其一，前期没有暴跌，即没有很重的套牢盘；其二，从时间和幅度看，有较为扎实的打底的过程；其三，一定有超越同期大多数股票的表现。"

亚洲篇·投资大师

17

李嘉诚：亚洲投资界的超人/163

"即使本来有一百的力量足以成事，但我要储足二百的力量再去进攻，而不是随便去赌一赌。"

18

阿瓦里德·本·塔拉尔：中东"股神"/170

"买被低估或被误会的公司，并一直持有它至目标价位，投资就是这么简单。"

19

胡立阳：中国台湾"股神"/179

"股价或许真假难辨，但量却从不会说谎！"

20 **曹仁超：中国香港"股神"** /191

"了解群众心理十分有用，因群众常常看错大市。"

后记 ………………………………………………… 199

前言

在大多数投资者的眼里，没有人比那些在资本市场上叱咤风云的人物更令人值得尊敬了。现代社会里，人人都渴求财富，无不把精力花费在对财富的追求上。资本市场就是这么一个人人可以公平追求自己财富的地方，这里聚集了世界上最优秀的人才。在资本市场上，出现了这么一群人，他们象征着财富与成功，靠着非凡的智慧和理智的头脑，在最短的时间里创造巨额财富，他们演绎着从平民到世界富豪的传奇，我们把他们称为投资大师。在风云诡变的资本市场当中，他们总能够保持清醒的头脑，不断做出正确的决策，创造一个又一个的财富神话。

所有投资大师的成功向世人证明，投资不是简单的零和游戏，而是一种可以用合理且具体的理论和方法来操控的事业。大师们的投资哲学简单独特，且不断地被实践所证明。

前言

巴菲特曾说，学习众多投资大师的智慧和经验是投资成功的唯一途径。

本书选取了世界各国20位有名的投资大师，不论价值投资也好，趋势投机也罢，既有价值投资的鼻祖，也有新兴市场的新生派代表，采用图文并茂的方式对大师的人生及理论精髓做了深入浅出的叙述，使读者在品味大师们人生的苦乐之时，能对他们的投资理念及方法有较全面的认识。

此外，本书还另外开辟了两个小单元：金玉良言和小知识，既活泼了版面，又拓宽了本书的知识面，增加读者对投资的了解。

接着，就让我们一起来领略并学习各位大师的风采吧！

1 欧美篇 投资大师

本杰明·葛拉汉：价值投资的鼻祖

在古老的传说中，智者把过去所有的红尘俗事归结成下面这句话：一切终将成过去。若要用类似的模式把稳健投资的秘诀也精炼成四个字，我们大胆用这句箴言：安全边际。这个道理一以贯之，适用于所有的投资政策。所有经验丰富的投资人都知道，安全边际的概念对于选择稳健的债券和特别个股，是不可或缺的。

档案资料

本杰明·葛拉汉
(Benjamin Grahame)

生　　于：1894年5月8日
逝　　于：1976年9月21日
国　　籍：美国
出 生 地：英国伦敦
毕业院校：哥伦比亚大学
最高学历：大学本科
公　　司：葛拉汉·纽曼基金
著　　作：《证券分析》
　　　　　《聪明的投资者》

导读

股市向来被人视为精英聚集之地，华尔街则是衡量一个人智慧与胆识的决定性场所。本杰明·葛拉汉作为一代宗师，他的金融分析学说和思想在投资领域产生了极大的震动，影响了几乎三代重要的投资者，如今活跃在华尔街的数十位身家上亿的投资管理人都自称为葛拉汉的信徒。本杰明·葛拉汉被称为"现代证券之父"，著有《证券分析》和《聪明的投资者》。他的价值投资哲学为沃伦·巴菲特、彼得·林奇等一批顶尖证券投资大师所推崇，享有"华尔街教父"的美誉。

一、大师人生

葛拉汉1894年5月8日出生在英国伦敦，是犹太人后裔。

葛拉汉刚满一周岁的时候，他们就举家迁往美国。因此，在葛拉汉的身上，既凝聚了犹太民族千百年来对金钱的过人智慧，又具备了美利坚民族那种激进而浪漫的冒险精神。

葛拉汉的童年是不幸的，他们一家初到美国时的生活非常艰辛。在葛拉汉9岁那年，他的父亲因病辞世，一家人依靠坚强的母亲维持生活。而生活对这一家人的打击还没有结束。1907年初，葛拉汉的母亲多娜因为找不到投资方向，便决定把家中的大部分积蓄拿到股市上去碰碰运气。结果到1907年底，股市狂跌了49%，葛拉汉一家那点可怜的家产就这样在股灾中被无情地吞噬了。从母亲日渐憔悴的脸上，少年时代的葛拉汉初尝了股市的风险。

从布鲁克林初中毕业后，葛拉汉以出类拔萃的成绩考上了美国的名校之一——哥伦比亚大学（很多年以后，当葛拉汉以教授的身份重返哥伦比亚大学，巴菲特及当代的很多投资大师都曾是他的学生）。1914年夏天，葛拉汉以荣誉毕业生和全班第二名的成绩顺利地从哥伦比亚大学毕业。

从哥伦比亚大学毕业后，他迫于生活的压力，毅然选择了华尔街，开始自己的职业生涯，而放弃了留校任教的机会。

离校后，葛拉汉在华尔街的一家公司当统计员，主要负责把债券和股票价格贴在黑板上，周薪12美元。这是华尔街最低等的职位，却是葛拉汉辉煌投资事业的起点。经过多年的打拼，到1929年为止，葛拉汉联合账户的资金已达250万美元。

股市的风险之大，连葛拉汉也不能幸免。尽管葛拉汉非常小心谨慎，在1930年损失了20%的资金以后，他以为最糟糕的时机已经过去，便又贷款来投资股票。后来所谓的底部一再被跌破，那次大危机的唯一特点是"一个噩耗接着一个噩耗，情况变得越来越糟"，到了1932年，葛拉汉已经处在破产的边缘。

葛拉汉的伟大著作《证券分析》一书就是在这种背景下产生的，它是对1929年资本主义大萧条深刻反思的产物。凭借此书，葛拉汉在有价证券这行业创立了一整套卓有成效的理论。后来，葛拉汉完成了《聪明的投资者》，该书其实是大众版的《证券分析》。

葛拉汉的证券分析讲座使许多人受益良多，他在投资理论方面的真知灼见获得热烈的回响，他的影响也从此开始走出华尔街，往社会上扩散。在葛拉汉赢得巨大声誉的同时，他所负责运作的葛拉汉·纽曼公司也开始进入一个新时代。

1936年，实施了数年的罗斯福新政逐渐显出疲软之态，华尔街也随之再度陷于低迷。这对于大多数投资者而言，又是一场严峻考验，而此时葛拉汉的投资策略和投资技巧已相当成熟，操作起来更加得心应手。在这段"黑暗"的日子里，葛拉汉的投资策略和投资技巧既表现出对持续低潮的抗跌能力，又表现出在弱市中的获利能力。而当股市开始反转时，葛拉汉在股市低迷期所购入的大量低价股由此获得巨大的回报。在1936年至1941年之间，虽然股市总体来说呈下跌趋势，但葛拉汉·纽曼公司在此期间的年平均投资报酬率大大超过了同时期的标准史坦普90种股票。

1956年，虽然华尔街仍处于上升趋势之中，但葛拉汉却感到厌倦了。对他而言，金钱已经变得不重要，重要的是他在华尔街找到一条正确的道路，并将这条道路毫无保留地指引给广大的投资者。在华尔街奋斗42年的葛拉汉决定从华尔街隐退,开始了他在加州大学的执教生涯,把他的理论和经验传递给更多的人。

但葛拉汉的离去丝毫没有削弱他在华尔街的影响力,他依靠自己的努力和智慧所创立的证券分析理论影响了一代又一代的投资者。他所培养的一大批学生,如沃伦·巴菲特等人在华尔街异军突起,成为一个又一个新的投资大师,他们的成功是对葛拉汉的证券分析学说最好的肯定。

金玉良言

股票市场上的绝大多数收益并不是那些处于连续繁荣的公司所创造,而是那些经历大起大落的公司创造的,是通过在股票低价时买进、高价时卖出创造出来的。

葛拉汉的选股标准
（如果一家公司符合以下10条中的7条,可以考虑购买）

1. 这家公司获利与股价之比（本益比）是一般AAA公司债券收益率的2倍。

2. 这家公司目前的市盈率应该是过去5年中最高市盈率的2/5。

3. 这家公司的股息收益率应该是AAA级公司债券收益率的2/3。

4. 这家公司的股价应该低于每股有形资产账面价值的2/3。

5. 这家公司的股价应该低于净流动资产或是净速动资产清算价值的2/3。

6. 这家公司的总负债应该低于有形资产价值。

7. 这家公司的流动比率应该在2以上。

8. 这家公司的总负债不超过净速动清算价值。

9. 这家公司的获利在过去10年来增加了一倍。

10. 这家公司的获利在过去10年中的2年减少不超过5%。

二、葛拉汉的核心投资原则

几乎所有的价值投资策略最终都要归根于本杰明·葛拉汉的思想。葛拉汉之于投资的意义就像欧几里得之于几何学、达尔文之于生物进化论一样的重要。沃伦·巴菲特作为葛拉汉的学生兼雇员，对葛拉汉更是佩服得五体投地，他说："除了我的父亲之外，葛拉汉给我的影响最大。""葛拉汉的思想，从现在起直到百年后，将会永远成为理性投资的基石。"

● 发现了"市场先生"

葛拉汉不仅仅关注公司的财务状况，他还洞察到市场中的情感波动。几十年后心理学家才给予证实：不论是好消息还是坏消息，投资者都会有过度反应。葛拉汉说，股票市场中好像有一个"市场先生"，他的情绪很容易狂躁不安，有时会过度乐观，有时又会过度悲观。"有时他的热情或恐惧会一下子烟消云散，推荐的东西好像有些愚蠢。"如果你仅因为"市场先生"夸大其辞就付诸行动的话，你一定会全盘皆输。最好滤去杂念，把精力集中到企业的内在价值等基本因素上。投资者必须有耐心、有原则地等待正确的买入机会，坚持价值投资的原则。"从短期来看，市场是一台投票机；但从长期来看，它是一台秤重机。"

● 视公司报告为财富"藏宝图"

葛拉汉把公司和产业报告看做是寻找财富的藏宝图。1926年，在研究北方管道公司的年报之后，葛拉汉发现该公司握有每股约值95美元的国债。葛拉汉认为，没有任何商业上的理由支持该公司继续持有这些国债。由于竞争加剧和收益下降，北方管道公司的股票不再被大家看好。该公司的股价下跌至65美元，有6美元的分红。于是，葛拉汉决定买进。之后，他会见了北方管道公司的管理者，指出公司不需要这些国债，而且他们支配的这些资金实际上是属于股东的。最后，在他的不断努力下，北方管道公司卖掉了国债，并分给股东们70美元的红利，葛拉汉后来卖掉了这支股票，盈利可观。

虽然一直从事金融投资，但葛拉汉对金钱没有真正的欲望；他更像一个学者，一生中最大的追求在于智力上的回报——算计那些数字并看着它们得到证实。这些投资精要得益于他在华尔街的经历、哥伦比亚大学商学研究院30年的教学经验，他将心得凝聚成两本至今仍被广为传颂的"圣经"——《证券分析》和《聪明的投资者》。他后来在加州大学洛杉矶分校的商学院从事教学长达15年。闲暇时他还改进了计算尺，翻译自己喜欢的一本西班牙语小说。最重要的是他不断在再版书籍中，继续完善价值投资策略。葛拉汉的贡献提高了证券分析的专业水准，有助于建立金融分析的专业规则，并使得金融分析师（CFA）成为一种新的职业。

● **从商业的角度考虑投资**

投资者在观察股市时，会很容易忘记一只股票代表的是公司的部分所有权，而不仅仅是日常价格变动的证明。葛拉汉建议投资者从商业的角度看问题，这意味着把买股票看作是买公司。他强调研究公司财务报告和合理调整投资的重要性。

● **买进有安全边际的股票**

葛拉汉投资观念的重点在于避免损失。损失有大有小，如果一个投资者买了1万美元的股票，然后股票的市值跌到5000美元，损失达到50%，这就需要100%的增长才能达到收支平衡。葛拉汉利用安全边际——一个简单但有效的投资概念来减少可能的损失。安全边际描述了投资者所要买的股票价格低于估价的程度。如果葛拉汉认为一支股票值20美元，他也许会在14美元时买进，他的安全边际为30%。安全边际越高，抵御股价下滑的能力越强，葛拉汉就越满意。

● **分散投资**

葛拉汉认为，投资组合应该采取多元化原则。他说："安全边际概念与多样化原则之间有紧密的逻辑关系，一个与另一个互为关联。即使股价具有投资者喜欢的安全边际，仅仅投资一只股票也可能让业绩很差，因为安全边际仅能保证他获利的机会比损失的机会多，但不能保证损失不会发生。但是，随着买入股票支数的增多，利润总和超过损失总和的投资结果是肯定的。"所以，保守的投资者通常应该建立一个广泛的投资组合，把他的投资分布在各个行业的多家公司中，其中包括投资国债。

● **利用平均成本法进行有规律的投资**

葛拉汉建议个人投资者，投资固定数额的现金，并保持有规律的投资间隔，即平均成本法。这样，当价格较低时，投资者可以买进较多的股票和基金；当价格较高时，就少买一些。暂时的价格下跌提供了获利空间，最终卖掉股票时所得会高于平均成本；也包括定期的分红再投资。

金玉良言

股市行为必然是一个令人困惑的行为，否则稍懂一点知识的人就能获利。投资者必须着眼于价格水准与潜在或核心价值的相互关系，而不是市场上正在做什么或将要做什么的变化。

葛拉汉的投资原则

1. 内在价值：是价值投资的前提。

2. 市场波动：要利用市场短期经常无效、长期总是有效的弱点，来实现利润。

3. 安全边际：以四毛的价格买值一元的股票，保有相当大的折扣，从而减低风险。

4毛 买入 1元

三、葛拉汉给投资者的忠告

葛拉汉经常扮演着先知的角色，为了避免投资者陷入投资迷思，葛拉汉在他的著作及演说中，不断地向投资者提出下列忠告：

1. 做一名真正的投资者

葛拉汉认为，虽然投机行为在证券市场上有一定的定位，但由于投机者仅仅为了寻求利润而不注重对股票内在价值的分析，往往容易受到"市场先生"的左右，陷入盲目投资的迷思，股市一旦发生大波动，常常使他们陷于血本无归的处境。而谨慎的投资者只在充分研究的基础上，才做出投资决策，所冒风险要小得多，而且可以获得稳定的收益。

2. 注意规避风险

一般人认为在股市中利润与风险是成正比的，而在葛拉汉看来，这是一种误解。葛拉汉认为，通过最大限度的降低风险而获得利润，甚至是无风险而获利，这在实质上是高利润；在低风险的策略下获取高利润也并非没有可能；高风险与高利润并没有直接的联系，往往是投资者冒了很大的风险，而收获的却只是风险本身，即惨遭亏损，甚至血本无归。投资者不能靠莽撞投资，而应学会理智投资，时时注意对投资风险的规避。

3. 以怀疑的态度去了解企业

一家公司的股价在其未来业绩的带动下，不断向上攀升，投资者切忌盲目追涨，而应以怀疑的态度去了解这家公司的真实状况。因为即使是采取最严格的会计准则，近期内的盈余也可能是会计师所伪造的；而且公司采用不同的会计政策对公司核算出来的业绩也会造成很大差异。投资者应注意仔细分析这些新产生的业绩增长是真正意义上的增长，还是由于所采用的会计政策所带来的，特别是对会计报告的附注内容更要多加留意。任何不正确的预期都会扭曲企业的面貌，投资者必须尽可能准确地做出评估，并且密切注意其后续发展。

4. 当怀疑产生时，想想品质方面的问题

如果一家公司营运不错，负债率低、资本收益率高，而且股利已连续发放了几年，那么，这家公司应该是投资者理想的投资对象。只要投资者以合理的价格购买该类公司股票，投资者就不会犯错。葛拉汉同时提醒投资者，不要因所持有的股票暂时表现不佳就急于抛弃它，而应对其保持足够的耐心，最终将会获得丰厚的回报。

5. 规划良好的投资组合

葛拉汉认为，投资者应合理规划手中的投资组合，保有5％的债券或与债券等值的投资和25％的股票投资；另外，50％的资金可视股票和债券的价格变化而灵活分配其比重。当股票的盈利率高于债券时，投资者可多购买一些股票；当股票的盈利率低于债券时，投资者则应多购买债券。当然，葛拉汉也特别提醒投资者，使用上述规则只有在股市为牛市时才有效。一旦股市陷入熊市时，投资者必须当机立断卖掉手中所持有的大部分股票和债券，而仅保持25％的股票或债券。这25％的股票和债券是为了以后股市发生转向时所预留的准备。

6. 关注公司的股利政策

投资者在关注公司业绩的同时，还必须关注该公司的股利政策。一家公司的股利政策既体现了它的风险，又是支撑股票价格的一个重要因素。如果一家公司坚持长期的股利支付政策，这表示该公司具有良好的"体质"及有限的风险；而且相比较来说，实行高股利政策的公司通常会以较高的价格出售，而实行低股利政策的公司通常只会以较低的价格出售。投资者应将公司的股利政策作为衡量投资的一个重要标准。

> **金玉良言**
>
> 投资者的注意力不要放在行情上，而要放在股权证明背后的企业身上。通过注意盈利情况、资产情况、未来远景等诸如此类的因素，投资者可以对公司独立于其市场价格的"内在价值"形成一个概念。

葛拉汉的忠告

1. 做一名真正的投资者
2. 注意规避风险（投资风险）
3. 以怀疑的态度去了解企业
4. 当怀疑产生时，想想品质方面的问题
5. 规划良好的投资组合
6. 关注公司的股利政策

小知识：投资与投机的核心差别

在当今的市场上，最难区分的概念恐怕非投资和投机莫属了。投资与投机都是证券市场交易活动的基本活动形式，两者之间最基本的区别在于能否获得安全性的收入。葛拉汉关于投资的定义与众不同之处在于，投资需要有这样一种安全保障，它不能建立于虚假资讯、臆断、小道消息或是赌性之上。投资的安全性必须取决于投资物件是否具备真正的内在价值或存在一个价值变化空间，而要确切地把握这一关键或达到安全边际，只有通过客观的标准对所能够掌握的资讯进行详尽分析。

2 欧美篇 投资大师

菲利普·费雪："成长股之父"

> 最优秀的股票是极其难寻的，如果容易，那岂不是每个人都可以拥有它们了？我知道我应该购买最好的股票，不然我宁愿不买。

档案资料

菲利普·费雪 (Philip A Fisher)

生　　于：1907年

逝　　于：2004年3月

国　　籍：美国

出 生 地：旧金山

毕业院校：史丹佛大学

最高学历：硕士

著　　作：《非常潜力股》《投资股票致富之道》

导读

费雪是近半世纪以来最杰出的投资顾问，他的两本著作《非常潜力股》及《投资股票致富之道》也一直被巴菲特所称颂。沃伦·巴菲特曾经表示，他的投资理论85%受益于老师葛拉汉，而另外15%则来自于费雪。作为现代投资理论的开路先锋之一，费雪第一个提出以股票的潜在增长能力来衡量它的价值，而非价格的变化趋势和绝对价值。他反对以短期买卖来获取利润，支持长期的股票投资。

一、大师人生

费雪1907年生于旧金山，父亲是一位医生。费雪从小智力过人，15岁便进入大学学习。

1928年费雪从史丹佛大学商学院毕业后，进入旧金山一家银行当证券统计员（即是后来的证券分析师），之后又到了一家证券公司工作，从此开始了投资生涯。然而，1929年的大崩盘使他失去工作。

1931年他开办自己的公司——费雪公司。当时的社会状况对费雪开展业务非常有利：在最萧条的时候，许多公司的老板都无事可做，所以他们都很愿意与费雪谈论关于公司的问题。另外一个有利条件是，费雪大多数的潜在客户对他们当前的顾问们相当不满，寻找新投资顾问的意愿很高。费雪公司便在这样的环境中不断发展壮大，当费雪89岁时，他仍然管理着大量客户的资金。

到1935年，费雪已经拥有一批非常忠诚的客户，其事业亦获利可观，其后费雪的事业进展顺利。二战期间，费雪于1942～1946年服役3年半。战后不久，费雪的投资顾问事业重新开张。

1954～1969年是费雪飞黄腾达的15年，他所投资的股票涨幅远远超越指数。1955年买进的德州仪器到1962年涨了14倍，随后德州仪器暴跌80%，但随后几年又再度创新高，比1962年的高点高出一倍以上，换言之，比1955年的价格高出30倍；费雪于1955年发掘了摩托罗拉公司，当时摩托罗拉还是一家默默无闻的小公司，但费雪大量买入其股票并长期持有。在此后的20多年里，摩托罗拉迅速成长为全球性的一流公司，该股价也涨了20多倍。

费雪在1958年《非常潜力股》一书中写道："许多投资者，当然还有那些为他们提供咨询的人，从未意识到，购买自己不了解的公司的股票，可能比没有充分多元化投资还要危险得多。"1999年的时候，费雪已是91岁高龄的老人，但他仍不改对股市的热忱，经常对市场发表评论。他常说："最优秀的股票是极为难寻的，如果容易，那岂不是每个人都可以拥有它们了？我只想买到最好的股票，不然我宁愿不买。"

像所有伟大的投资家一样，费雪绝不轻举妄动，在他尽全力了解一家公司的过程中，他会亲自拜访此公司，如果他对所见所闻感兴趣，便会毫不犹豫地大量投资于该公司。

1961和1963年，费雪受聘于史丹佛大学商学研究所，教授高级投资课程。1999年，费雪接近92岁才退休。2004年3月，一代投资大师与世长辞，享年96岁。

金玉良言

投资想赚大钱，必须有耐心；换句话说，预测股价会达到什么水准，往往比预测多久才会到达那种水准容易。

费雪买股前的疑问

1. 这家公司的产品或服务是否有充分的市场潜力——至少几年内营业额能大幅上涨吗?

2. 管理阶层是否决心开发新产品或制程,在目前有吸引力的产品线成长潜力利用殆尽时,是否能进一步提升总销售潜力?

3. 和公司的规模相比,这家公司的研发能力会有多大效果?

4. 公司是否有高效的销售组织呢?

5. 公司的利润率高吗?

6. 公司会做什么决策以维持或改善利润率?

7. 公司的劳资和人事关系好不好?

8. 公司的高阶主管们相处融洽吗?

9. 公司的管理阶层能力是否足够呢?

10. 公司的成本分析和会计记录做得好不好?

11. 是否有其他的经营层面,尤其是本行业较为独特的地方,这是投资人能得到重要的线索——一家公司面对竞争同业,能有多突出?

12. 公司是否有短期或长期的盈余展望?

13. 在可预见的将来,这家公司是否会因为成长而必须发行股票,以取得足够资金?如此是否会使发行在外的股票增加,现有持股人的利益将不如预期的成长而大幅受损?

14. 管理阶层向来是否报喜不报忧?

15. 管理阶层的诚信是否正直且无庸置疑?

二、挖掘成长股

费雪的选股原则与葛拉汉完全不同。葛拉汉不关注公司的品质，只关注其股价是否便宜；而费雪的策略则完全相反，他的关注重点放在公司的本质上，他的目的是要寻找那些在未来几年内盈利大幅成长的公司。费雪认为葛拉汉那种买"便宜货"的方式并不是最好的投资方式，最好的投资方式是买入业绩优良且管理一流的成长型公司股票。费雪的观点正好弥补了葛拉汉的不足，这让巴菲特受益颇多。巴菲特也在后来的实践中，得出相同的结论：以合理价格买入一家盈利预期优秀的公司股票，要比以便宜价格所购入股票的效果好。

费雪为了准确地判断一家公司是否具备成长性，还创立了一套完整的理论分析体系，其主要内容包括以下几方面：公司是否为新兴产业？这决定公司以后是否具备充分的市场潜力；公司是否有市场潜力？市场潜力大的公司往往会拥有高于平均水准的盈利能力；公司能否有效地控制成本，费雪认为能有效控制成本的公司往往经得起市场考验，因而能维持高于平均水准的盈利；公司是否具备高水准的行销能力？即使产品或服务十分优秀，行销能力不足也将限制其发展；投资物件是否有致力于长期发展的战略？投资对象是否是依靠发行股票融资来维持其较高的成长速度？公司的管理层是否具有高水准的经营管理能力、是否诚实正直、是否具备强烈的责任心？为了解公司的这些情况，费雪还创立了"葡萄藤"战法。他通过访问公司高层、员工、顾客及竞争对手等方法，慢慢地从像葡萄藤一样杂乱无章的资讯中，摸清这家公司的真实情况。

费雪除了善于发掘成长股外，还喜欢集中投资和长线持股。费雪在寻找杰出公司时，主要是从现有年度和中期财务报表、最新的认股说明书等材料中，对公司进行了解和分析。他确定买入时机时，认为在目标公司的盈利即将大幅改善，但盈利之成长预期还未大幅推涨股票价格时，为购进时机；而在公司出现暂时性问题直接导致公司股价大跌之时，为购进的绝佳机会。费雪还强调不要过度分散投资，他认为人的精力总是有限的，过分的分散只会使投资者买入很多并不了解的公司股票，这比集中投资更加危险。费雪还是一个坚定的长线投资者,他认为要想获得最大的收益,只有在满足三种情况之一时,才可以出售手中的股票:一是随着时间的推移,公司的经营每况愈下,不再属于优质成长类公司的标准;二是买入时犯下错误;三是发现更好的目标。除此之外,仅根据市场每天的涨跌起伏来决定是否卖出手中的成长股是非常之愚蠢的。费雪认为最荒谬的说法,便是手中持股已有很大的涨幅,就把它们卖出,转而去购买其他还未上涨的股票;他认为,只要优秀公司的价值不断成长,就会使其股价不断上涨;反之,本质低劣的股票因为价值没有发生变化,因而其股价也不可能持续上涨。

费雪的理论既有深度又有广度,同时还有很强的可操作性。

金玉良言

股票市场本质上具有欺骗投资人的特性。跟随他人当时在做的事去做,或者依据自己内心不可抗拒的呐喊去做,事后往往证明是错的。

费雪挖掘成长股之"葡萄藤"战法

三、费雪的8点投资心得

费雪经历半个世纪的投资，得出8点投资心得：

1. 投资目标应该是成长中的公司，公司应当有按部就班的计划使盈利长期大幅成长，且内在特质很难让行业新加入者分享其高成长，这是费雪投资哲学的重点。假如股价不上升的话，盈利的高速成长使得股价相对而言愈来愈便宜。由于股价最终反映业绩变化，因此买进成长股，总是会获得丰厚利润。

2. 集中全力购买那些失宠的公司。这是指因为市场走势或当时市场误判一家公司的真正价值，使得股票的价格远低于真正的价值，此时则应该断然买进。寻找到投资目标之后，买进时机亦很重要；或者说有若干个可选的投资目标，则应该挑选股价相对于价值愈低的公司，这样投资风险会降到最低。费雪有过失败的教训，在股市高涨的年代，买到一家成长股，但是由于买进的价格高昂，业绩即使成长，也赚不了钱。

3. 持有股票直到公司的性质从根本上发生改变，或者公司成长到某个阶段后，成长率不再能够高于整体经济。除非有非常例外的情形，否则不要因经济或股市走向的预测而卖出持股，因为这方面的变动太难预测。绝对不要因为短期原因，就卖出最具魅力的持股。我们投资的是公司而非GDP（国内生产总值），亦不是CPI（后面有解释）或者定期存款利率。许多人信奉波段操作，但是至今没有一个靠波段操作成为投资大师的。波段操作企图提高盈利效率，所谓超底逃顶等乌托邦式的思维，实际可望而不可及。

4. 对于追求资本大幅成长的投资人，应淡化股利的重要性。获利高但股利低或根本不发股利的公司，最有可能成为理想的投资对象。成长型的公司，总是将大部分盈利投入到新的业务扩张中。若大比例分红，则多数是因为公司的业务扩张有难度，所以才将盈利的大部分分红。不过，这是指现金分红，而以配股形式的分红则应该鼓励。

5. 在投资中，犯错是无法避免的，重要的是尽快承认错误。就算是经营管理最好的机构，也无法避免错误、产生损失。错误并不可怕，但要了解它们的成因，并学会避免重蹈覆辙。良好的投资管理态度，是愿意承受若干股票的小额损失，并让前途较为看好的股票，利润愈增愈多。一有蝇头小利便获利结算，却放任坏的投资带来的损失愈滚愈大，是不好的投资习惯。绝对不要只为了实现获利就获利了结。无论是公司经营还是股票投资，重要的是停损，而不是停利。此处的停损，是指上市公司的基本面出现了恶化，和你当初的预期不符；不停利指的是，即使持有的股票大幅上升，但公司盈利仍将高速成长，且目前股价相对偏低或者合理。许多投资者往往是做反了，买进后，一旦获利，总是考虑卖出；相反，买进的股票套牢了，便一直持有，让亏损持续扩大。

6. 现实中具有重量级的公司相当少，当其股价偏低时，应充分把握机会，让资金集中在最有利可图的股票上。那些介入创业资金和小型公司（如年营业额不到2500万美元）的人，可能需要较高程度的分散投资。至于规模较大的公司，如要适当分散投资，则必须投资经济特性各异的各种行业，对投资散户（可能和机构投资人以及若干基金类别不同）来说，持有10种以上的不同股票，是投资理财能力薄弱的迹象。

7. 卓越的股票管理，一个基本要素是能够不盲从当时的金融圈主流意见，也不会只为了反其道而行便排斥当时盛行的看法。相反地，投资人应该拥有更多知识、应用更好的判断力，彻底评估特定的情境，并有勇气在你的判断结果告诉你"你是对的"时，要学会坚持。

8. 投资股票和人类其他大部分活动领域一样，想要成功，必须努力工作、勤奋不懈、诚信正直。

股票投资，有时难免需要靠运气，但长期而言，好运、霉运会相抵，想要持续成功，必须靠技能和运用良好的原则。根据费雪8点指导原则来判断，相信未来会属于那些能够自律且肯付出心血的人。

何谓CPI

CPI即为消费者物价指数，是反映与人民生活有关的商品及劳务价格统计出来的物价变动指标，通常作为观察通货膨胀水准的重要指标。如果消费者物价指数涨幅过大，表明通货膨胀已经成为经济不稳定因素，央行会有紧缩货币政策和财政政策的风险，从而造成经济前景不明朗。因此，该指数过高的涨幅往往不被市场欢迎。例如，在过去12个月，消费者物价指数上升2.3％，那表示，生活成本比12个月前平均上升2.3％。当生活成本提高，你的金钱价值便随之下降；也就是说，一年前收到的一张100元纸币，今日只可以买到价值97.75元的商品或服务。一般来说，当CPI>3％的增幅时，我们称为通货膨胀；而当CPI>5％的增幅时，我们称其为严重的通货膨胀。

> **金玉良言**
>
> 我一直相信，愚者和智者的主要差别在于，智者能从错误中学习，而愚者则不会。

费雪投资之10不原则

1. 不买处于创业阶段的公司。
2. 不要因为一只好股票未上市交易，就弃之不顾。
3. 不要因为你喜欢某公司年报的格调，就去买该公司的股票。
4. 不要因为一家公司的本益比高，便以为未来的盈余成长已大致反映在价格上。
5. 不要锱铢必较。
6. 不要过度强调分散投资。
7. 不要担心在战争阴影笼罩下买进股票。
8. 不要忘了你的吉伯特和沙利文（英国剧作家和作曲家，意思是不要受无关紧要的事情影响，应该牢记的是未来，而不是过去）。
9. 买进真正优秀的成长股时，除了考虑价格，不要忘了时机因素。
10. 不要随群众"起舞"。

3 欧美篇 投资大师

沃伦·巴菲特：永远的"股神"

对于投资来说，关键不是确定某个产业对社会的影响力有多大，或者这个产业将会成长多少，而是要确定所选择企业的竞争优势，更重要的是这种优势的持续性。

档案资料

沃伦·巴菲特 (Warren Buffett)

- 生　　于：1930年8月30日
- 国　　籍：美国
- 出 生 地：美国内布拉斯加州奥马哈市
- 毕业院校：内布拉斯加州大学、哥伦比亚大学
- 最高学历：金融硕士
- 公　　司：波克夏公司
- 职　　位：总裁
- 相关著作：《雪球》

导读

沃伦·巴菲特是当代的"股神",就连股市门外汉对他也耳熟能详。投资界人士无不对他顶礼膜拜,视他的言论为"投资圣经",犹如念布道文一样背诵他的投资格言。每年波克夏·海瑟(Berkshire Hathaway)公司的股东大会,足以媲美超级明星的音乐会或宗教的复活节,因为许多人为了能聆听巴菲特关于投资的智慧言论,特意花费数万甚至几十万美元购买一股或几股波克夏公司的股票,每年都不辞劳苦、千里迢迢赶到奥马哈去参加波克夏公司年度股东大会,这种场景,丝毫不亚于圣徒朝觐教宗或圣地。这几年,即使想要和巴菲特共进一顿午餐,听到只字片语的股海"真经",也得花费上百万。

一、大师人生

1930年8月30日,沃伦·巴菲特出生于美国内布拉斯加州的奥马哈市,沃伦·巴菲特从小就极具投资意识,他对数字的敏感程度远远超过了家族中的任何人。他满脑子都是赚钱的点子:5岁时就在家中摆地摊兜售口香糖;稍大后他带领小伙伴到球场捡用过的高尔夫球,然后转手倒卖,生意颇好;上初中时,除利用课余当报童外,他还与同伴合伙,将弹珠游戏机出租给理发店老板们,赚取外快。

1941年,刚刚跨入11岁,他便跃身股海,购买了平生第一只股票,获小利而出。

1947年,沃伦·巴菲特进入宾夕法尼亚大学攻读财务和商业管理。但他觉得教授们的空头理论不过瘾,两年后便不辞而别,辗转考入哥伦比亚大学金融系,拜师于著名投资学理论学家本杰明·葛拉汉。在葛拉汉门下,巴菲特如鱼得水。葛拉汉反投机,主张通过分析企业的盈利情况、资产情况及未来前景等因素来评价股票。他教授给巴菲特丰富的知识和诀窍,有天分的巴菲特很快就成了葛拉汉的得意门生。

1950年,巴菲特申请哈佛大学被拒。

1951年，21岁的巴菲特学成毕业，在导师葛拉汉旗下的公司不支薪打工两年。

1956年，巴菲特成立合伙人公司。

1957年，巴菲特掌管的资金达到30万美元，但年末则升至50万美元。

1962年，巴菲特合伙人公司的资本达到了720万美元，其中有100万是属于巴菲特个人的。

1964年，巴菲特的个人财富达到400万美元，而此时他掌管的资金已高达2200万美元。

1967年10月，巴菲特掌管的资金达到6500万美元。

1968年，巴菲特公司的股票取得它历史上最好的成绩：成长了59%，而道琼指数才成长了9%。

1968年5月，当股市一片大好的时候，巴菲特却通知合伙人，他要隐退了。随后，他逐渐清算了巴菲特合伙人公司几乎所有的股票。

1969年6月，股市直下，渐渐演变成了股灾，到1970年5月，每种股票都比上年初下跌50%，甚至更多。

1970年~1974年间，美国股市低迷。然而，一度失意的巴菲特却暗自欣喜异常，因为他看到了财源即将滚滚而来——他发现太多的便宜股票。

1972年，巴菲特又盯上了报刊业，他的介入使《华盛顿邮报》利润大增，每年平均成长35%。10年之后，巴菲特投入的1000万美元升值为2亿。

1980年，他用1.2亿美元，以每股10.96美元的单价，买进可口可乐7%的股分。到1985年，可口可乐改变了经营策略，开始抽回资金，投入饮料生产，其股票单价已涨至51.5美元，翻了5倍。

1992年中，巴菲特以74美元一股购下435万股美国高技术国防工业公司——通用动力公司的股票，到年底股价上升到113美元。

1994年底，巴菲特旗下的波克夏已发展成拥有230亿美元的工业王国，它早已不再是一家纺纱厂，它已变成巴菲特的庞大投资金融集团。1965～1994年，巴菲特的股票平均每年增值26.77%，高出道琼指数近17个百分点。如果谁在1965年投资巴菲特的公司1万美元的话，到1994年，他就可得到1130万美元的报酬；也就是说，谁若在30年前选择了巴菲特，谁就坐上了发财的直达车。

2000年3月11日，波克夏公司的股价在上一年度下跌20%，是90年代的唯一的下跌；同时波克夏的账面利润只成长0.5%，远远低于同期标准普尔21的成长，是1980年以来的首次落后。

1965～2006年的42年间，波克夏公司净资产的年均成长率达21.4%，累计成长361156%；同期标准普尔500指数成分公司的年均成长率为10.4%，累计成长幅为6479%。

2006年6月25日，巴菲特宣布，他将捐出总价达370亿美元的私人财富投向慈善事业。这笔巨额善款将分别进入当时微软董事长比尔·盖茨创立的慈善基金会，以及巴菲特家族的基金会。巴菲特捐出的370亿美元是美国迄今为止出现的最大一笔私人慈善捐赠。

2007年3月1日，波克夏公司A股股价上涨410美元，收于106600美元。去年波克夏A股股价上涨了23%，相形之下，标普500指数成分股股价平均涨幅仅为9%。

自世界金融海啸爆发以来，全球各大股市急转直下，"股神"巴菲特也深受其害，个人资产从2007年底的620亿美元缩水至2008年底的370亿美元，不过仍然在世界富豪榜上排名第二。

巴菲特是有史以来最伟大的投资家，他依靠股票、外汇市场的投资，成为世界上数一数二的富翁。

金玉良言

1. 我们也会有恐惧和贪婪，只不过在别人贪婪的时候，我们恐惧；在别人恐惧的时候，我们贪婪。

2. 要知道你打扑克牌时，总有一个人会倒霉，如果你看看四周，看不出谁要倒霉了，那就是你自己。

3. 我的成功并非源于高智商，我认为最重要的是理性。我总是把智商和才能比作发动机的动力，但是输出功率，也就是工作的效率，则取决于理性。

2008和2009年世界富豪排行榜

2008年度全球十大富豪榜

排名	姓名	国籍	年龄	资产
1	沃伦·巴菲特	美国	77岁	620亿美元
2	卡洛斯－斯利姆·赫鲁家族	墨西哥	68岁	600亿美元
3	比尔·盖茨	美国	52岁	580亿美元
4	拉什米·米塔尔	印度	57岁	450亿美元
5	穆凯什·阿姆巴尼	印度	50岁	430亿美元
6	阿尼尔·阿姆巴尼	印度	48岁	420亿美元
7	英瓦尔·坎普拉德家族	瑞典	81岁	310亿美元
8	KP－辛格	印度	76岁	300亿美元
9	奥莱格－德里帕斯卡	俄罗斯	40岁	280亿美元
10	卡尔·阿尔布里特	德国	88岁	270亿美元

2009年度全球十大富豪榜

排名	姓名	资产	2008年资产缩水额
1	比尔·盖茨	400亿美元	180亿美元
2	沃伦·巴菲特	370亿美元	250亿美元
3	卡洛斯—斯利姆·赫鲁家族	350亿美元	250亿美元
4	劳伦斯·埃裏森	225亿美元	25亿美元
5	英瓦尔·坎普拉德家族	220亿美元	90亿美元
6	卡尔·阿尔布里特	215亿美元	55亿美元
7	穆凯什·阿姆巴尼	195亿美元	235亿美元
8	拉什米·米塔尔	193亿美元	257亿美元
9	西奥·奥布莱彻	188亿美元	42亿美元
10	阿曼西奥·奥特加	183亿美元	19亿美元

二、经典投资

巴菲特一生所取得的投资佳绩,大家有目共睹,此处由于篇幅的原因,只选取几个比较经典的案例进行介绍。

● 可口可乐

生活中,巴菲特是汉堡和可乐的忠实爱好者;股市上,他也对可口可乐情有独钟。1988年,巴菲特看到可口可乐的全球成长潜能和品牌威力,于是开始大量买入可口可乐的股票。他出手不凡,首笔投资额就达到了10亿美元,买入可口可乐公司股票2335万股;1994年中期,巴菲特再次增持可口可乐的股票,总投资达到12.99亿美元,占了可口可乐8.4%的股份,这使他成为可口可乐公司最大的股东。1990～1996年,经过3次股票分拆,巴菲特已经持有可口可乐股份2亿股;2003年年底,巴菲特所持可口可乐的股票市值为101.5亿美元,15年间成长了681%。仅仅在可口可乐一只股票上的投资,巴菲特就赚了88.51亿美元。

巴菲特曾经感慨地说:"从小时候卖可乐开始,经历了52年,我才明白,最能带来利润的是可乐的专利配方,而不是在销售生意里。"幽默的他还曾表示:"在我死的时候,可口可乐公司的销量一定会大增,因为我要大量的可口可乐陪葬。"

● GEICO

GEICO公司透过直接邮购的方式向政府雇员提供汽车保险。巴菲特对GEICO公司的第一笔投资在1951年,当时21岁的他还在哥伦比亚大学商学院师从葛拉汉。1976年时,GEICO的股票突然一落千丈,从每股61美元跌至2美元。

巴菲特在1976年拜访GEICO公司管理层后,认为尽管公司濒临破产的边缘,但其竞争优势依然存在。因为它提供的低成本、无代理商的保险经营模式依然完好无损。于是,他投资410万美元买入130万股,平均每股购入价为3.18美元;随后该公司发行了7600万美元的可转换优先股,巴菲特又以1942

万美元买入近197万股可转换优先股，相当于发行总量的25%；接着该公司迅速转亏为盈，盈利能力大幅提升，巴菲特又在1980年以1890万美元买入147万股。到1980年底，巴菲特共持有该公司股票720万股，占其一半的股份，全部买入成本约为4714万美元。

事实证明巴菲特的决定十分明智，GEICO公司迅速恢复了元气，并且取得傲人的业绩。1976年，杰克·伯恩执掌帅印后，采取大量降低成本的措施，使公司的盈利能力迅速提升，他上任仅仅一年，公司的盈利就达到5860万美元。1982年以来，GEICO的权益资本收益率平均为21.2%，是同行业平均水准的2倍。

在波克夏完全收购GEICO股份的前一年，即1995年，巴菲特已经用4570万美元的投资，赚了23亿美元，20年间投资增值50倍，平均每年为他赚取1.1亿美元。1996年初，波克夏以23亿美元买入另外50%的股份，将其变为私人公司，不再上市。GEICO是巴菲特波克夏投资王国的核心，其庞大的保费收入为巴菲特提供大量的投资资金来源，成为其旗下最核心和盈利能力最强的企业之一。

● 吉列

吉列公司成立于1901年，总部设在美国波士顿，主要生产刮胡产品、电池、口腔清洁卫生产品及文具等。吉列出色的产品和行销手段，使其市场占有率和获利能力持续上升，成为此行业无可争议的先驱。

1989年，波克夏公司投资6亿美元，买入近9600万股吉列公司的股票，在随后的十多年中，巴菲特一直持有这些股票，即使在20世纪90年代末期，吉列股票大跌时，他也未曾动摇。

2004年年底，巴菲特所持吉列的股票市值为35.26亿美元，14年间投资盈利为29.26亿美元，成长4.87倍。2005年1月，吉列被宝碱并购，股价涨至每股51.6美元，巴菲特所持吉列股票的市值突破51亿美元，并将9600万股转为9360万股宝碱公司的股票，占宝碱总股份的3%。

● 《华盛顿邮报》

《华盛顿邮报》不仅为巴菲特带来超过50％的投资报酬率，更为他赢得投资家的声誉；同时，这也是巴菲特投资普通股掘到的第一桶金，在此之前，股神一直钟情于优先股。巴菲特在1973年用1062万美元买入《华盛顿邮报》的股票；到2003年年底，这些股票的市值上涨到13.67亿美元，30年的投资利润为12.8亿美元，投资收益率高达128倍。

《华盛顿邮报》是美国华盛顿哥伦比亚特区最大、最老的报纸。1971年，《华盛顿邮报》的股票上市，当时发行的股票分为A股和B股两种，差别在于，持有A股的股东有权选举公司董事会的主要成员。

20世纪70年代初期，《华盛顿邮报》在巨大的压力下，刊登了五角大厦档案，并追踪报道"水门事件"，直接导致尼克森总统下台，因此在国际报业中获得极高威望，许多人认为它是继《纽约时报》后，美国最有声望的报纸；另一方面，由于它位于美国首都，所以特别擅长报道美国国内的政治动态。

巴菲特在1973年用1062万美元买入《华盛顿邮报》股票，这也是他持有时间最长的一支股票。当时《华盛顿邮报》的主要营业收入包括：50％以上来自《华盛顿邮报》；约25％来自《新闻周刊》杂志；其他25％来自三家电视台和一家广播电台。此外，《华盛顿邮报》还拥有《国际先驱论坛报》50％的股份，且目前公司的《新闻周刊》也是与《时代周刊》并驾齐驱，皆为全球最有影响力的杂志之一。

金玉良言

1. 投资股票致富的秘诀只有一条，买了股票以后锁在箱子里等待，耐心地等待。

2. 如果我们有坚定的长期投资期望，那么短期的价格波动对我们来说就毫无意义，除非它们能够让我们有机会以更便宜的价格增加股份。

3. 我认为投资专业的学生只需要两门教授得当的课堂：如何评估一家公司，以及如何考虑市场价格。

点石成金：投资大师炼金术

巴菲特的波克夏王国
（可乐、吉列、GEICO、传媒等）

1957~1969年道琼斯指数与巴菲特合伙公司收益对比表

年份	道琼斯工业指数（%）	巴菲特合伙公司（%）
1957	-8.4	10.4
1958	38.5	40.9
1959	20.2	25.9
1960	-6.2	22.8
1961	22.4	45.9
1962	-7.6	13.9
1963	20.6	38.7
1964	18.7	27.8
1965	14.2	47.2
1966	-15.6	20.4
1967	19.0	35.9
1968	7.7	58.9
1969	-11.6	6.8

巴菲特投资可口可乐公司的原因

- 传统行业，现金流持续稳定
- 业务简单易懂
- 卓越的品牌价值
- 稳固的行业领导地位
- 强大的销售系统
- 专注的核心事业
- 非凡的价值创造能力
- 持续的竞争优势

三、巴菲特的投资理念

● **价值投资**

　　巴菲特在40多年的股票投资活动中，十分重视考察企业的内在价值。他确信，由于市场的非理性行为，某些股票的内在价值有时会被市场低估或高估，而股票的合理价值，最终会在市场中得到实现，这样买入内在价值被市场低估的公司的股票，投资者就可以安全获利。

巴菲特一般根据企业的内在价值评估和把握公司状况，并判断其未来境况是否光明远大。当年他决定投资吉列公司时，吉列公司的各项财务指标，包括权益资本收益率和税前盈余率，都在不断提高；而且，吉列有提高产品价格的能力，这保证了其资本收益率高于平均水准，公司的商誉也会随着产品价格能力不断提高，而公司的高层管理者也一直在尽力减少吉列公司的长期债务，努力提高公司股票的内在价值。这些都显示吉列股票值得购买，但巴菲特还要考虑吉列公司当前股票价格是否被高估。

巴菲特认为，购买被市场忽视的股票往往能够获利。他特别擅长寻找价值被低估的股票，然后持有或者参与经营，接着等待股票价值上升。

巴菲特认为，人虽然不能预测股市波动，但却能够很直接地看出股票价格的高低。投资人可以从一堆低价股当中挖掘，或从大盘在高点时所忽略的股票中，找出价值被低估的股票。

价值被低估的企业成为"特别情况"类股的时候，也是股价到最低点，并且风险性很大的时候，企业的股价所以下挫至低价位，通常和公司营运或财务陷入危机有很大的关系；但此时，股价往往远低于该公司的资产价值，因此，虽然经营状况比较糟糕，仍不失为较好的投资目标。

● **把鸡蛋放在同一个篮子里**

现在大家的理财意识越来越强，许多人认为不要把所有鸡蛋放在同一个篮子里，这样即使某种金融资产发生较大风险，也不会全军覆没；但巴菲特却认为，投资者应该像马克·吐温建议的那样，把所有鸡蛋放在同一个篮子里，然后小心地看好它。

从表面来看，巴菲特的观点似乎和大家发生了分歧，其实双方都没有错，因为理财诀窍没有放诸四海皆准的真理，比如巴菲特是国际公认的"股神"，自然有信心大量持有少数几种股票，而我们普通投资者由于自身精力和知识的局限，很难对投资标的有专业深入的研究，此时分散投资不失为明智之举。

另外，巴菲特集中投资的策略基于集中市场调查、集中决策，在时间和资源有限的情况下，决策次数多的成功率自然比投资决策少的要低，就好像独生子女总比多子女家庭所受的照顾多一些、长得也壮一些一样。

● 生意不熟不做

中国有句古话叫："生意不熟不做。"巴菲特有一个习惯，不熟的股票不买，所以他永远只买一些传统行业的股票，而不去碰那些高科技股。

2000年初，网络股高潮的时候，巴菲特却没有购买。那时大家一致认为他已经落伍了，但是现在回头一看，网络泡沫埋葬的是一批疯狂的投机家，巴菲特再一次展现了其稳健的投资大师风采，成为最大的赢家。

这个例子告诉我们，在做任何一项投资前，都要仔细做调查，自己没有了解透彻、想明白前，不要仓促决策，比如现在大家都认为存款利率太低，应该想办法投资。股市不景气，许多人就想炒邮票、炒外汇、炒期货、进行房产投资，甚至投资小量黄金；其实这些投资的风险都不见得比股市低，操作难度还比股市大。所以在没有把握的情况下，把钱放在储蓄中，要比盲目投资安全些。

● 长期投资

有人曾做过统计，巴菲特对每一只股票的投资没有少过8年的。巴菲特曾说："短期股市的预测是毒药，应该把它摆在最安全的地方，远离儿童以及那些在股市中的行为像小孩般幼稚的投资人。"

我们所看到的是许多人追涨杀跌，到头来只是为券商贡献了手续费，自己却是过眼云烟一场空。我们不妨算个账，按巴菲特的底限，某只股票持股8年，买进卖出手续费是1.5%，如果在这8年中，每个月换股一次，支出1.5%的费用，一年12个月，则支出费用18%，8年不算复利，静态支出也达到144%！不算不知道，一算吓一跳，魔鬼往往在细节之中！

金玉良言

1. 必须要忍受偏离你的指导方针的诱惑：如果你不愿意拥有一家公司10年，那就不要考虑拥有它10分钟。

2. 投资者应考虑企业的长期发展，而不是股票市场的短期前景。价格最终将取决于未来的收益。在投资过程中如同棒球运动，要想让记分牌不断翻动，你就必须盯着球场而不是记分牌。

3. 价格是你所付出的，价值是你所得到的，评估一家企业的价值，部分是艺术、部分是科学。

巴菲特的投资四原则

● **价值投资**
购买被市场忽视的股票往往能够获利。

● **把鸡蛋放在一个篮子里**
将鸡蛋放在同一个篮子，小心地看好它。

● **生意不熟不做**
在投资之前，要先做足市场调查。

● **长期投资**
长期持有看好且熟悉的股票。

巴菲特的竞争优势原则

1. 最正确的公司分析角度——如果你是公司的唯一所有者。
2. 最关键的投资分析——企业的竞争优势及可持续性。
3. 最佳竞争优势——在游着鳄鱼、很宽的护城河保护下的企业经济城堡。
4. 最佳竞争优势衡量标准——超出产业平均水准的股东权益报酬率。
5. 经济特许权——超级明星企业的超级利润之源。

小知识 特许经营权

特许经营权是指有权当局授予个人或法人实体的一项特权。

国际特许经营协会认为，特许经营是特许人和受许人之间的契约关系，对受许人经营中的经营诀窍和培训的领域，特许人提供或有义务保持持续的兴趣；受许人的经营是在由特许人所有和控制下的一个共同标记、经营模式和过程之下进行的，并且受许人从自己的资源中对其业务进行投资。

4 欧美篇 投资大师

彼得·林奇：全美职业炒家

> 投资人不必坚持投资拥有神奇管理系统，并处在激烈竞争环境中顶尖公司的股票，只要选择经营成效还不错、股价低的股票，一样可以赚钱。

档案资料

彼得·林奇 (Peter Lynch)

生　　于：1944年1月19日

国　　籍：美国

出 生 地：美国波士顿

毕业院校：宾夕法尼亚大学沃顿商学院

最高学历：硕士

公　　司：富达基金公司

职　　位：麦哲伦基金经理

著　　作：《彼得·林奇征服股海》《彼得·林奇选股战略》

导读

彼得·林奇是最优秀的基金经理，其管理的麦哲伦基金连续13年复合收益率达到29%，基金从2000万美元成长到140亿美元。彼得·林奇出生于1944年，1968年毕业于宾夕法尼亚大学沃顿商学院，取得MBA学位；1969年进入富达管理研究公司成为研究员，1977年成为麦哲伦基金的基金经理人。

1977～1990年彼得·林奇担任麦哲伦基金经理人职务的13年间，该基金的管理资产由2000万美元成长至140亿美元，基金投资人超过100万人，成为富达的旗舰基金，并且是当时全球资产管理金额最大的基金，其投资绩效也名列第一。13年的年平均复利报酬率达29%，目前他是富达公司的副主席，还是富达基金托管人董事会成员之一，现居住在美国波士顿。林奇的著作《彼得·林奇征服股海》《彼得·林奇选股战略》，一问世便成为畅销书。

一、成长之路

1944年1月19日，彼得·林奇出生于美国波士顿的一个富裕家庭。父亲曾经是一个数学教授，后来放弃教职，成为一名高级审计师；可是不幸的事发生了，在林奇10岁那年，他的父亲因病去世，全家的生活顿时陷入困境。

为了省钱，家人开始缩食节衣，林奇也从私立学校转到了公立学校，而且开始了半工半读的生活。11岁的他在高尔夫球场找了份球童的工作，这份工作应该说是最理想不过了，因为球童工作一个下午往往比报童工作一周赚得还多。

高尔夫球场一直是风云人物、名流巨贾的聚集之地，与其他球童不同的是，林奇不仅捡球，还注意学习。在这里，林奇学到了不少投资知识。当时美国民众对股票投资还相当保守，认为股市就是赌场，始终带有排斥心理。球童的经历开始让林奇逐渐改变了看法，增强了赚钱意识，虽然他那时并没有钱去投资股票。

就这样半工半读，林奇读完了初中，顺利考入宾夕法尼亚大学沃顿商学院。沃顿商学院的经历对于以后林奇的成长具有十分关键的影响。大学期间，林奇开始着手研究股票，他想找出其中的"秘密"，成为像高尔夫球场的客户一样成功的人物。于是，他有目的地专门研究与股票投资有关的学科。

还没有真正涉足商海之时，林奇就已经意识到，股票投资是一门艺术，而不是一门科学，历史和哲学在投资决策时，显然比统计学和数学更有用。所以除了必修课外，他没有选修更多的有关自然科学、数学和财会等课程，而是重点地专修社会科学，如历史学、心理学、政治学。此外，他还学习了玄学、认识论、逻辑、宗教和古希腊哲学。

因为球僮的兼职和奖学金做经济的坚强后盾，大二的时候，林奇已经有了一笔不小的收入，他决定用这笔积蓄进行股票投资，小试牛刀。他从积蓄中拿出1250美元投资飞虎航空公司的股票，当时他买入的价格是每股10美元。后来，这种股票因太平洋沿岸国家空中运输的发展而暴涨。随着这种股票的不断上涨，林奇逐渐抛出手中的股票来收回资金，靠着这笔资金，他不仅读完了大学，而且念完了研究所。

暑假期间，林奇顺利来到世界最大的投资基金管理公司——"富达"做暑假实习生，能在这样的公司实习，是一个非常难得的机会。这份工作不仅使林奇打破了对股票分析行业的神秘感，也让他对书本上的理论产生了怀疑，教授们的理论在真正的市场中，几乎全线崩溃且完全不通用，这种信念促使林奇特别注重实际市场调查的作用。

金玉良言

投资理财四不要之一：不要相信各种理论。若干世纪以前，人们听到公鸡叫后才看见太阳升起，于是认为太阳之所以升起是由于公鸡啼。今天，鸡叫如故；但是每天为解释股市上涨的原因及影响的新论点，却总让人困惑不已。"每当我听到此类理论，我总是想起那啼叫的公鸡。"

二、创造奇迹

林奇在富达公司做了几年的分析工作之后，于1974年升任富达公司的研究主管。几年的研发工作为他以后的投资实践打下坚实的基础。

1982年，由于工作出色，林奇被任命为富达旗下的麦哲伦基金的主管。这既是一个机会，更是一个很大的挑战，一方面，林奇终于可以直接面对市场；但另一方面，富达有上百个这样的基金主管，要做出一番成就、脱颖而出，必须付出更多的辛苦、更多的想法和思考。

当时的麦哲伦基金，虽然资金规模仅有2200万美元，但却为刚入行的林奇提供了一个可以施展自己才华的舞台。

为了能让自己管理的基金脱颖而出，林奇投入所有的心血与精力。他每天工作12个小时以上，每天要阅读几英尺厚的档案，每年要旅行16万公里，去各地进行实地考察，此外，他每年还要与500多家公司的经理进行交谈，在不进行阅读和访问的时候，他则会不断地打电话，从各个方面来了解上市公司的状况和投资领域的最新进展。

此外，很重要的一点是林奇特别重视从同行那里获得的有价值资讯。其实，大部分比较成功的投资家们都会有关系较为松散或正式的联盟，彼此可以透过联盟交换思想、获得教益。当然，人们不会把自己即将购买的股票透露出来，但是，在交流中可以获得很多资讯。这些处于投资领域顶尖级的人物，为林奇带来丰富的资讯。

林奇还独创了一种常识投资法，也就是从日常生活中去发掘潜力股。他认为普通投资人一样可以按照常识判断来战胜股市和共同基金，而他自己对于股市行情的分析和预测，往往是从日常生活中得到有价值的资讯。他特别喜欢留意妻子卡洛琳和三个女儿的购物习惯，每当她们买东西回来，他总要和她们扯上几句。1971年的某一天，他的妻子卡洛琳买"莱格斯"牌紧身衣，他发现这将是一个行情看涨的商品。在他的运作下，麦哲伦立即买下了生产这种紧身衣的汉斯公司的股票，没过多久，股票价格竟达到原来价格的6倍。

可是，股票市场涨跌不定，之所以人们将它看成是赌场，就注定了有输有赢，林奇也有判断错误的时候。1977年，他因听信分析师的谣言，而错过了最佳潜力股华纳公司，这让他懊悔不已。从此，林奇再也不相信那些高谈阔论的股票分析师了，只坚信自己的分析判断。林奇十分欣赏沃伦·巴菲特的观点："对我来说，股市是根本不存在的。要说其存在，那也只是让某些人出丑的地方。"

经过涨跌、失败洗礼过后的林奇更加成熟了，他所领导的麦哲伦基金业绩突飞猛进，资产规模迅速膨胀。同时，他优秀的选股能力开始让人们感到惊奇。

林奇特别偏爱两种类型的股票：一类是中小型成长股。在林奇看来，中小型公司股价增值比大公司容易，一个投资组合里，只要有一两家股票的收益率极高，即使其他的赔本，也不会影响整个投资组合的收益。

另一类股票是业务简单的公司的股票。一般人认为，激烈竞争的领域更容易出现管理出众的高水准公司，但在林奇看来，作为投资者不需要固守任何美妙的东西，只需要一个低价出售、经营业绩尚可，而且股价回升时，不至于分崩离析的公司就行。

林奇以其独到的选股方法和灵活的操作方式，迅速成为华尔街股市的超级大赢家。彼得·林奇能在对的地方找到市场里的最爱，而且他特别偏好身边的公司。

小知识 何谓成长股

所谓的成长股，是指一些公司所发行的股票，它们的销售额和利润额持续成长，而且其成长的速度快于整个国家和本行业的成长。这些公司通常有宏图伟略、注重科学研究等特性，并保留有大量利润作为再投资，以促进其扩张。

金玉良言

投资理财四不要之二：不要相信专家意见，专家不能预测到任何东西。虽然利率和股市之间确实存在着微妙的相互联系，我却不相信有任何人能用金融规律来提前说明利率的变化方向。相信成功得来不易，而且从小培养下一代成功致富观念的人，才是掌握命运、掌握财富、信奉智慧且得以成功的人。

三、功成身退

1990年，林奇管理麦哲伦基金且已经13年了，就在这短短的13年里，彼得·林奇悄无声息地创造了一个奇迹和神话！也就是麦哲伦基金管理的资产规模由2000万美元成长至140亿美元，成为当时全球资产管理金额最大的基金。而麦哲伦的投资绩效也理所当然地名列第一，13年来的年平均复利报酬率更高达29%，由于公司的资产规模巨大，林奇13年间买过15000多支股票，其中，很多股票还买过多次，也为他自己赢得了"不管什么股票都喜欢"的名声。

对于很多人而言，彼得·林奇是一个没有"周末焦虑症"的多头套牢者，股市休整对他而言，只意味着廉价建仓的机会到了，他甚至不太像一个股市中人，因为他的心态是如此的平和，但也正是因为这样，他才取得了如此巨大的成就！

1991年，就在林奇最巅峰的时刻，他却选择退休，离开共同基金圈子。

当时，林奇还是市场中最抢手的人物，而他的才能也是最受倚重的。彼得·林奇非常理智地发表了自己的离去演说："这是我希望能够避免的结局……尽管我乐于从事这份工作，但是我同时也失去了待在家里、看着孩子们成长的机会。孩子们长得真快，一周一个样。几乎每个周末都需要她们向我自我介绍，我才能认出她们来……我为孩子们做了成长记录簿，结果积了一大堆有纪念意义的记录，却没时间剪贴。"

这就是彼得·林奇离开的理由，没有任何做作和矫情的意味存在；当然，他一定是受够每周工作80个小时的生活了，于是，如同其他伟大的投资人和交易商一样，彼得·林奇带着毕生辛苦所赚来的钱，干干脆脆地离开战场了。

现在，这个曾经的"股市传奇"就像任何一个平常父亲般，在家教导自己的小女儿，同时他也没有闲着，他热心慈善事业，积极地投身于波士顿地区的天主教学校体制改革，到处募集资金，让清寒子弟也能接受良好的教育。

虽然他是亿万富翁，也让别人成为了亿万富翁，但他却不是金钱的奴隶，而是主人。

> **金玉良言**
>
> 投资理财四不要之三：不要相信数学分析。"股票投资是一门艺术，而不是一门科学。"对于那些受到呆板数量分析训练影响的人，处处都会遇到不利因素，如果可以通过数学分析来确定选择什么样的股票的话，还不如用电脑算命。
>
> 选择股票的决策不是通过数学计算出来的，你在股市上需要且用得到的全部数学知识是你上小学四年级就学会的。

四、成功之道

与巴菲特为代表的着眼于实值股和成长股的长期投资家不同,彼得·林奇属于典型的现代派投资家。现代派投资家是不管什么种类的证券,实值股也好、成长股也好、绩优股也好,只要是有利可图的股票就会购买,一旦证券价格超过其价值就立刻卖出。在林奇的眼里,没有不好的股票,只有不好的价位而已。

林奇认为,找到一家好公司,只是投资成功的一半;如何以合理的价格买进,是成功的另一半。

在多元投资时,林奇将投资组合运用得也十分灵活,分析他掌管的麦哲伦基金所经营的1400种股票,大致可分为四类,如下页图表所示:

1	林奇希望能够收益200%～300%的成长股。
2	股价低于实值的价值股，林奇希望在股价上涨1/3时就脱手。
3	绩优股，这类股票具防御性，经得起经济不景气的打击，如公共事业、电讯、食品、广告公司等产业的股票。
4	特殊情况，如资产重组类股票，这类股票风险较大，但往往有超额回报。

对于广大的投资者，彼得·林奇先生有如下忠告：

1 想赚钱的最好方法，就是将钱投入一家成长中的小公司，这家公司近几年一直出现盈利，而且会不断地成长。

2 个别投资人的优势在于他没有时间压力，可以仔细思考，等待最好时机。如果要他每星期或每个月都要买卖股票，他肯定会发疯。

3 一般消息来源者所讲的与他实际知道的有很大的差异，因此，在对投资方向作出选择之前，一定要深入了解并考察公司，做到有几分满说几分话。

4 为了赚钱，我们可以这样假设，他敢买进，必定是对他所看到的事情有信心；而一个面临内部人员大量收购股票的公司，很少会倒闭。

5 投资人不必坚持投资拥有神奇管理系统，并处在激烈竞争环境中顶尖公司的股票，只要选择经营成效还不错、股价低的股票，一样可以赚钱。

6 最恐怖的陷阱就是买到令人振奋却没有盈余的公司股票，以及便宜的统计数字。

7 在股市赔钱的原因之一，即一开始就研究经济情况，这些观点直接把投资人引入死角。

8 购买股票的最佳时段是在股市崩溃或股价出现暴跌时。

9 不相信理论、不靠市场预测、不靠技术分析，靠资讯灵通，靠调查研究。

10 试图跟随市场节奏，你会发现自己总是在市场即将反转时退出市场，而在市场升到顶部时介入市场。人们会认为碰到这样的事，是因为自己不走运；实际上，这只是因为他们想入非非。没有人能够比市场精明，人们还认为，在股市大跌或修正时，投资股票是很危险的。其实，此时只有卖股才是危险的，他们忘记了另一种危险——空手的危险，即在股市飞涨的时候，手中没有股票。

11 这个简单的道理，股票价格与公司盈利能力具有直接相关性，却经常被忽视，甚至老练的投资人也视而不见。观看行情表的人开始认为股票价格有其自身的运动规律，他们跟随价格的涨跌，研究交易模式，把价格波动绘成图形，在本应关注公司收益时，他们却试图理解市场在做什么。如果收益高，股价注定要涨，可能不会马上就涨，但终究会涨，而如果收益下降，股价一定会跌。

12 投资成功的关键之一：把注意力集中在公司上，而不是股票上。

13 我不敢说我有先见之明，知道股灾将要降临。市场过分高估，早已有潜在千点暴跌的祸根，事后来看，这是多么明显；但我没有发现，当时全部买了股票，手边几乎没有现金；对市场周期的这种认识相当于对股东的背叛。

14 关注一定数量的企业，并把自己的交易限制在这些股票上面，是一种很好的策略。每买进一种股票，你应当对这个行业以及该公司在其中的地位有所了解，对它在经济萧条时的应对、影响收益的因素，都要有所了解。

金玉良言

投资理财四不要之四：不要相信投资天赋。在股票选择方面，没有世袭的技巧。尽管许多人认为别人生来就是股票投资人，而把自己的失利归咎为天生愚笨。我的成长历程说明，事实并非如此。在我的摇篮上并没有吊着股票行情收音机，我长乳牙时也没有咬过股市交易记录单，这与人们所传贝利婴儿时期就会踢足球的早慧，截然相反。

彼得·林奇的量化选股指标

项 目	指 标
负债比例	≦25%
现金及约当现金-长期负债	>0
股价／每股自由现金流量	<10
存货成长率／营收成长率	<1
(长期盈余成长率+股息率)／本益比	≧2（数值愈大愈好）

小知识

须鲸理论

须鲸是一种海洋生物，它不是采取有针对性的捕食方式，而是先不加选择地快速吞食数以千百万计的微小海洋生物，然后，通过鲸须选择很少的精华部分留下来，其余的杂质则全部排除出去。

林奇在感觉到投资良机时，会像须鲸一样，先选择一大批股票进行仔细研究，最终挑选出一小部分优异的股票留下来继续持有，其余的则全部放弃。但即使这些留下来的股票，也会由于公司经营情况的改变而使该公司的股价发生变化，如该公司所处的行业竞争加剧、面临新产品的挑战、公司本身的管理出现问题，凡此种种都会引起该公司股价的下跌。一旦情况有变，林奇就会采取行动。即使企业本身没有什么变化，股价变了也会促使他采取行动。

5 欧美篇 投资大师

约翰·坦伯顿："全球投资之父"

行情总在绝望中诞生，在半信半疑中成长，在憧憬中成熟，在希望中毁灭。

档案资料

约翰·坦伯顿（John Templeton）

- 生　　于：1912年11月29日
- 逝　　于：2008年7月8日
- 国　　籍：美国，后入巴哈马籍
- 出 生 地：田纳西州的温彻斯特
- 毕业院校：耶鲁大学、牛津大学
- 最高学历：法学硕士
- 公　　司：富兰克林坦伯顿基金集团
- 著　　作：《富人智典：坦伯顿的投资观》

导读

坦伯顿爵士被称为投资界的哥伦布，是富兰克林坦伯顿基金集团的创始人，一直被誉为全球最具智慧以及最受尊崇的投资者之一。身为金融界一个具有传奇色彩的人物，他也是全球投资理念的先锋。《福布斯》杂志称他为"全球投资之父"及"历史上最成功的基金经理之一"。2006年，他被美国《纽约时报》评选为"20世纪全球十大顶尖基金经理人"。坦伯顿共同基金曾经为全球的投资者带来丰厚的收益，虽然坦伯顿爵士已经去世，无法再参与坦伯顿基金的投资决策，但他的投资哲学已经成为坦伯顿基金集团的投资团队，以及众多投资者永恒的财富。

一、投资界的哥伦布

1912年11月29日，坦伯顿出生于田纳西州的温彻斯特。父亲是律师兼棉花商人，但是财产在大萧条的年代丧失殆尽。坦伯顿是镇里第一批上大学的人，大学期间，他通过奖学金和勤工俭学完成了学业。他选修了价值投资鼻祖本杰明·葛拉汉的课程，对逆向投资产生了浓厚兴趣。1934年，他以最优成绩从耶鲁大学经济系毕业，并获得罗德奖学金，赴牛津大学深造。

起初，坦伯顿的计划是学习商业管理；但是当时的经济学家以埋头研究空洞的经济理论而自豪，即使是凯因斯这样优秀的人才，去英国财政部工作，都会遭到同行的嘲笑。坦伯顿只得改修法律，并获得法律硕士学位。

1937年，坦伯顿学成回国，进入美林证券的前身公司工作，开始了华尔街的职业生涯。

坦伯顿的投资诀窍，就是在全球范围内，寻求已经触底但又具有优秀远景的国家与行业，投资标的都是被大众忽略的企业。他经常把低进高出发挥到极致，在"最大悲观点"时进行投资。1939年德国入侵波兰，坦伯顿立即意识到世界大战即将爆发，战争可以把美国带出大萧条。

于是，他在萧条与战争的双重恐怖气氛中，借款收购在纽约股票交易所和美国股票交易所挂牌、价格在1美元以下的公司各100股。在这总共104家公司中，34家正处于破产状态，其中4家后来变得一文不值，但是整个投资组合的价值在四年后上升至4万美元，这次投资为坦伯顿赚得第一桶金。

1940年，他收购了一家小型投资顾问企业，借此建立起自己的基金业务。起初他管理的资产仅为200万美元，而到1967年，他出售该公司时，资产管理规模已达4亿美元之巨。

1954年，坦伯顿进入共同基金领域，建立了"富兰克林坦伯顿成长基金"，这是世界上最大、最成功的国际投资基金之一。出于对科学技术的尊敬，1956年，坦伯顿还专门建立了一支科技类基金，专门投资于科技类上市公司。坦伯顿的基金公司从不雇用销售人员，完全依靠投资表现来吸引顾客。1992年，他以4.4亿美元的价格出售他的基金公司，此时旗下管理的资产已经高达220亿美元。

20世纪50年代，坦伯顿亦是最早、主要投资战后日本、德国的投资者之一。1978年，福特公司濒临破产时，他又大量购进其股票。

何谓共同基金

共同基金即是把许多人的钱集中起来进行专业化投资的运作公司，起源于英国，盛行于美国。1926年在波士顿设立的"麻塞诸塞州投资信托公司"，是美国第一个现代意义的共同基金。共同基金分为两类，即开放式和封闭式。

开放式共同基金，随时可以净资产价值赎回或发行股分，净资产价值是所持全部证券的市值除以基金发行数量；开放式基金的发行股数随着投资者购买新股或赎回旧股而每日变动。

封闭式共同基金不以赎回或发行股分；封闭式基金的股分和其他普通股一样通过经纪人进行交易，它们的价格不同于净资产价值。

金玉良言

行情因为悲观情绪而诞生，因为疑虑交加而成长，因为乐观情绪而成熟，因为亢奋狂喜而死亡。上帝让你死亡，必先让你疯狂。投资成功的重点在于自己的判断力，别人贪婪时我恐惧，别人恐惧时我贪婪，这需要坚强的意志，但终有极大的回报。

坦伯顿爵士的"极度悲观投资原则"

股市下跌时 — 他人：通通卖掉 → 坦伯顿：买入
股市上扬时 — 他人：尽量的买 → 坦伯顿：卖出
最终的回报

二、远离喧嚣

1968年，为了远离华尔街的噪音，坦伯顿宣布放弃美国国籍，长居巴哈马。他认为，如果一直待在曼哈顿，所见的人、所谈的事和其他人一模一样，要想进行逆向操作就变得无比困难。

坦伯顿虽然远离了华尔街,但却不曾远离自己的工作,他仍旧像以前那么努力。20世纪50~60年代,即使在丧偶并独自抚养三个孩子的八年里,他仍坚持每星期工作80个小时以上。搬到巴哈马后,一直到他80多岁时,每个星期的工作时间也不曾少于60个小时。据他自己估计,除去宗教节目,他一辈子花在看电视上的时间,没有超过84个小时。

在坦伯顿看来,移居巴哈马后的投资表现甚至优于住在纽约期间。80年代中期,他是日本股市崩盘到来前,最早撤离的投资者之一。1992年,坦伯顿就预测"今后十年会是最快乐的时期,也是进步最快的时期""美国和欧洲的景气会迅速上升"。而在网络泡沫的疯狂时期,他做空网络公司股票,几个星期内赚进了8000万美元——他把这次交易称为"最容易赚到的钱"。

作为最成功的逆向投资者,坦伯顿几十年的投资经历可以这样总结:"在大萧条时期买入,在网络泡沫时期卖出,中间还有若干次正确的市场判断。"1999年,《财富》杂志给予他高度评价,认为他"可以说是本世纪最伟大的全球股票投资者"。2004年,在接受《Smart Money》等杂志的采访时,坦伯顿披露了对世界的看法,至今人们仍不得不佩服他的眼光:

◎ 全世界没有人愿意把要求他们节俭的领导人选上台,而总是会选择增加支出的政府。因此从长期来看,随着更多民主体制的出现,通货膨胀会更高。所以,所有的货币都有贬值风险。

◎ 不出20年,许多国家——不只是美国,很快就会出现社会安全系统的入不敷出,将不得不宣布延迟领取退休金的年龄。

◎ 维持现行经济活动的最大威胁是债务。美国目前的债务为历史上最高,而且只是刚刚开始。不利的贸易赤字目前是美国史上之最,财政赤字也同样如此。30年前,美国人还以节俭闻名,当时的储蓄率为20%,而如今却不到2%。由此几乎可以肯定,经济将进入一个悲观的时期,股市也将进入低迷期。

欧美篇·投资大师 / 约翰·坦伯顿

2004年坦伯顿就反复警告：房地产会价格崩盘、股票市场甚至会出现30年代的情形。他认为，中国经济增长强劲，如此发展下去，30年后GDP超过美国不属意外。但是由于资讯的缺乏，中国股市的波动会更加频繁，幅度也更加剧烈。

在经历了全球金融海啸之后，回过头来看坦伯顿的这些言论，不得不佩服大师当时的远见卓识。

金玉良言

一项资产的价格只及价值的20%，即用20分钱能买到1块钱的物品，才是不错的便宜货。要找到折价这么高的便宜货可不容易，但值得将它当作目标（安全边界：永远不要亏损，永远不要忘记第一条）。

网络泡沫时期坦伯顿爵士做空科技股大赚特赚

抛售科技股　　做空科技股

61

三、成功之道

坦伯顿无疑是一个成功的投资者，也是一个终生陶醉于科学、灵性领域及其对生命意义共同联系的亿万富翁。他把自己的大部分资产用来资助灵性领域与基础学科的研究。他认为，灵性的成功——信仰和商业上的成功应该是交相呼应的。他管理的共同基金每年开年会时，都是以祷告开始，而且坚持认为一个不道德的事业终将是会失败的。

坦伯顿撰写和编辑了十几本关于灵性领域的书籍。他于1972年创立了"坦伯顿奖"，奖励为灵性发展而做出贡献的人，第一位获奖者就是德蕾莎修女。他认为诺贝尔奖忽略灵性，而灵性范围的推进，其重要性并不亚于人类其他领域的努力；因此始终坚持这一奖金金额必须高于诺贝尔奖，且每年颁奖都安排由爱丁堡公爵在白金汉宫主持，以保证足够的媒体曝光。

1987年，他建立了约翰·坦伯顿基金会，希望在科学领域使用的手段也能够应用于灵域的研究，支持在爱、宽恕、创造性、宗教信仰的源头及本质方面的学术研究，比如理论物理、宇宙理论、进化论、认知科学。目前这个基金会管理着15亿美元，每年发放的研究资助达7000万美元。

由于在慈善事业上的努力，坦伯顿于1987年被伊莉莎白女王册封为爵士，2007年被《时代》杂志列入100名最有影响力的慈善家。

坦伯顿曾经是世界上最富有的人，但他把大部分财富都捐赠了出去。在他人生的后40年间，他一直住在巴哈马相当简朴的海滨屋；他外出旅行从不乘坐头等舱，平时只开一辆林肯牌轿车；即便服装或家具，他都以"价值投资"的观点去购买。同时，由于年幼时看到家乡许多人只借了很少的贷款，但最终还是失去自己的农场，所以他从来没有为自己的任何房产做过贷款。

坦伯顿为自己投资经历总结的16条成功经验，如今仍然适用。

1. 以总回报率最大化为投资目标。

2. 投资，而不是炒作或者投机，股市不是赌场。

3. 保持弹性，没有一项投资永远是最优选择。

4. 低价买入，绝不盲目跟从大部分人。

5. 只在高品质股票里搜寻价值。

6. 投资购买的是价值，而不是经济前景。熊市并不总是伴随着经济衰退。

7. 投资必须分散，任何人不可以有超过50%的投资集中在任何一个国家、25%在任何一个行业。

8. 认真做好研究，否则就聘请聪明的专家。

9. 时时跟踪、检验自己的投资。

10. 不要惊慌。从感情、财务上为熊市做好准备。如果你真的是长期投资者，你会把熊市作为赚取利润的一个机会。

11. 从自己的错误里学习教训。这是成功与失败的投资者之间最大的区别。

12. 投资前想清楚。只有想清楚了，才会少犯错误。

13. 跑赢大市是困难的。

14. 一个无所不知的投资者其实一无所知。成功就是持续为新问题寻找答案的过程。

15. 从来没有免费午餐。绝不凭感情、情绪而投资。

16. 不要经常持负面的态度。

无论金融投资还是慈善事业，坦伯顿将自己一生的精力都用在鼓励心胸开阔、思想开放上。实际上，他本人投资的成功正是得益于独立思考、特立独行。

金玉良言

在买卖中坚持一个原则：每样东西都要用现金购买，这样一来，他们才会"永远是利息的收受者，而不是支付者"。终其一生，这件事非常重要，他没有借过抵押贷款、不曾贷款买车，而且总是有足够的积蓄渡过难关。少用杠杆，小心能驶万年船。2008年金融海啸的根源便是过度使用金融杠杆。

坦伯顿爵士热心慈善事业

于1987年成立约翰·坦伯顿慈善基金并支持与科学、宗教、性格发展以及自由相关的多项研究和教育活动。不但如此，坦伯顿爵士更致力于慈善工作。

6 欧美篇 投资大师

马克·墨比尔斯:"新兴市场投资教父"

如果你想参与全球经济发展最快速地区的获利成长,就必须大胆地投资于新兴市场国家。

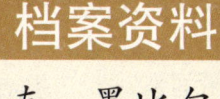

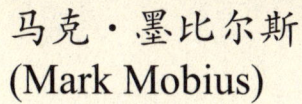

档案资料

马克·墨比尔斯
(Mark Mobius)

生　　于:1936年8月17日
国　　籍:美国
出 生 地:纽约
毕业院校:波士顿大学、麻省理工学院
最高学历:经济与政治学博士
公　　司:富兰克林坦伯顿基金集团
职　　位:执行副总裁
著　　作:《投资护照》

导读

马克·墨比尔斯为富兰克林坦伯顿基金集团执行副总裁，负责新兴市场研究与投资组合，管理富兰克林坦伯顿开发中国家基金、富兰克林坦伯顿新兴国家基金、富兰克林坦伯顿亚洲成长基金，暨富兰克林坦伯顿拉丁美洲基金经理人。

墨比尔斯是美国波士顿大学硕士以及麻省理工学院的经济与政治学博士，是提出"新兴市场"概念的第一人，研究新兴市场也已有30年的经验，1993年荣获美国晨星颁发年度最佳封闭型基金经理人、1994年获美国CNBC电视网年度商业资金最佳管理者称号。1998年获美国Money杂志选为全球十大投资大师之一。1997年、1998年连续被选为路透社票选为年度最佳全球基金经理人，著有《投资护照》(Passport to Profits)（1999年）。

一、空中飞人

大多投资者对选股可能有自己的诀窍，但根据某人的旅行路线作出投资决定，却十分不可思议。是的，没错，对于一些美国投资人而言，他们经常爱打探富兰克林坦伯顿基金公司经理人马克·墨比尔斯的旅行路线图，并把它当成快速发财的一条捷径。

对于一个365天中有一半以上时间在天空翱翔的"飞人"而言，在任何一个地方做过多的停留都是一种浪费。每架价值2000万美元的美国湾流IV型私人喷射机就是墨比尔斯最钟爱的"坐骑"。墨比尔斯有3架这样的飞机，成天载着他在全球各地市场之间飞来飞去，到所投资的公司进行实地考察和访问。在这一领域里，他已累积了非凡的表现记录，当然，也有着惊人的飞行记录。

墨比尔斯可不是一个流浪汉或旅行家。身为富兰克林坦伯顿基金公司执行副总裁的墨比尔斯掌管着200多亿美元资产，占富兰克林坦伯顿管理资产的1/10。在香港市场，他享有很高的知名度和举足轻重的影响力，被称为"光头博士"和"麦博士"。墨比尔斯1999年获美国《纽约时报》"20世纪十大顶尖基金经理人"。由于他第一个提出"新兴市场"的概念，因此，投资者给了他"新兴市场投资教父"的称号。

"我到过泰国橡胶园、走过非洲旷野、感受过俄罗斯严寒、在迷宫一般的露天剧场迷过路、在中国坑窪泥泞的乡间小路上骑过28式自行车（中国改革开放初期比较老式的自行车，说明墨比尔斯到中国的时间比较早），山路的颠簸几乎让我的骨头散了。更可怕的是，飞机几乎成了我的家，我用多年的辛勤工作换来了今天这种高水准的专业流浪汉生活。我将大量的时间投入到频繁的商务旅行当中，以期赢得一张能在未来去月球的头等舱机票。"墨比尔斯以他特有的幽默总结了自己这几年的生活。

而今，随着中国发展的加速，这位"新兴市场投资教父"开始更加频繁地造访中国，因为此处蕴涵着太多的机会。

小知识 何谓新兴市场

新兴市场指的是发展中国家的股票市场。按照国际金融公司的权威定义，只要一个国家或地区的国民生产毛额（GNP）没有达到世界银行划定的高收入国家水准，那么这个国家或地区的股市就是新兴市场。有的国家，尽管经济发展水准和GNP水准已进入高收入国家的行列，但由于其股市发展滞后，市场机制不成熟，仍被认为是新兴市场。

金玉良言：在很坏的时机要买进绩优的股票；在很好的时机要买进投机的股票。

新兴市场的六大特征与八大问题

六大特征	八大问题
高成长与高回报	消息资料少
分散化投资带来的好处	内线交易、提前交易普遍
反经济周期的特性	不透明的会计标准
市场规模普遍偏小	可对比的公司较少
投机者和追涨杀跌的投资者占多数	不重视提升股东价值
投资者普遍不成熟	流动性比较差
	不确定的注册、结算、清算和托管系统
	小股东权力小

二、墨式观察

投资界有一个所谓的"墨式观察"。

有别于多数坐镇纽约的基金经理人，墨比尔斯坚持满天飞、全球跑——到各国实地拜访公司负责人，以期能够通过由下而上精选个股的方式，追求价值投资的长期绩效，而这恰恰成就了墨比尔斯的传奇。

墨比尔斯坦白地说："虽然新兴市场蕴含着重大的投资机会，但是新兴市场的财务报表透明度不高、市场制度不完善、操作不规范，除非亲自拜访上市公司、与管理层当面对谈，否则很难评估公司真正的价值。"

在墨式投资哲学中，没有简单的看图表、没有笼统的资料分析，他最重视的是实地考察，用自己的眼睛、自己的感受来判断一个企业。

有一次，墨比尔斯乘飞机从千里之外赶到一家当时在中国非常著名的医药企业。墨比尔斯到药厂看了一圈，陪同人员不厌其烦地向他介绍企业状况是何等优良；然而，墨比尔斯却自始至终未开口说过一句话。时至中午，药厂的老板盛情邀请墨比尔斯参加他们准备的宴会，墨比尔斯却一口回绝，执意要去员工餐厅吃饭。

走进员工餐厅，一直沉默的墨比尔斯转过头来，非常严肃地向随行人员说："看看这肮脏的地面、恶劣的饮食，这里生产的药，你们敢吃吗？"直到这个时候，所有的随行人员才明白为什么面对企业提供的财务资料和资料，还有那些老板的介绍时，墨比尔斯竟然完全没有兴趣。

"墨式观察"的重要法则，就是一切都要靠自己的亲身体验，实地考察，亲自拜访上市公司，深入研究企业的每一个细节。墨比尔斯观察企业时，不会放过任何一个细节，大到企业整体环境、厂房是否洁净，员工是否有效率；小到职员的办公室、员工餐厅，甚至是公司洗手间，任何一个细节他都不放过。

从细节入手、从小处观察是墨比尔斯的特点，而这样的故事不胜枚举。有一次，墨比尔斯考察一家上市公司，公司财务报表显示这家公司成绩辉煌，公司的老板更是侃侃而谈，吹嘘自己公司盈利如何可观，但是墨比尔斯到那家工厂后，却一个人默默地散步。过了好久，墨比尔斯拒绝企业的进一步介绍，因为他发现，半天都没有一辆卡车进出工厂，而仓库里的现货却堆积如山。显而易见，这家公司实际情况和财务报表严重不符。

对于自己的行为，墨比尔斯这样说道："坦率地说，我在某些情况下的第一信条是行胜于言。我认为如果一天能参观6~8家企业，中间也不用停下来吃一顿冗长的午餐，那就是非常完美的一天了。"

墨比尔斯是个十足的工作狂，只要他还醒着，便将所有的精力投注于寻找全球发展中国家的廉价股票。

实际上，墨比尔斯还有一个观察企业的法宝——热情。他总结说："我会观察在工厂中的每一个人，哪怕是一个普通工人，他的精神状况如何、他是否具有进取心、知道不知道自己公司现在最需要的是什么，等等，这些因素综合在一起会左右我的选择。"

墨式观察

"墨式观察"的重要法则：实地考察，亲自拜访上市公司，深入研究企业的每一个细节。墨比尔斯观察企业，不会放过任何一个细节，大到企业整体环境、厂房是否洁净、工人是否有效率；小到职员的办公室、员工餐厅，甚至是公司洗手间。

> **金玉良言**
>
> 在潮湿（即具有流动性）的国家中购买潮湿的股票，别在干燥（即缺乏流动性）的国家中购买干燥的股票。

三、大师眼中的"红顶商人"

新兴市场的许多优秀公司具有政府背景，因此在投资新兴市场不可避免地要面临具有官员和商人双重角色的公司高层——红顶商人！

墨比尔斯直言不讳地说自己喜欢红顶商人。尽管墨比尔斯一直不知道该如何用英文具体表达"红顶商人"的含义，但他明确表示，一个优秀的公务员和一个优秀的商人之间并没有什么不可以逾越的鸿沟。

以在中国为例，墨比尔斯在中国的投资额有40亿之多，对中国的大型国有企业——中国移动投资曾高达10亿美元之多，足见他对红顶商人的喜爱程度。这笔投资也给他带来了丰厚的收益。

"官员老板一肩挑"的现象长期为人所诟病。在中国的投资人看来，既为官员，又当老板，就叫做官商，官商这种"权力经济"，既破坏市场经济所需要的公正公平，也是最易导致腐败的根源；但墨比尔斯却直言："在一个由官员转化成的企业管理者和一个纯粹的企业家之间，我会毫不犹豫地选择前者。"墨比尔斯解释说："在多数新兴市场，包括中国，企业家需要更准确、更快捷地去把握政策的风吹草动。因此，企业家需要敏锐的嗅觉。之前是规章制度的决定人，现在成为企业的运作者，从政府官员转型的企业家具有这种得天独厚的优势。"

能否成为一个优秀企业家，完全取决于他的定位和对自己的职业规划。一般说来，他需要灵活，也许不必太聪明，但他要懂得商业。热情永远是第一位的，他可以用自己的热情去感染身边的每一个人，这种热情是无法替代的，这也正是墨比尔斯在投资时寻找的一大法宝。

仅仅就企业运作而言，官员的角色和企业家角色是互通的，他依然需要完善地调动人力资源，把人力资源、企业资源的优势调配合理，发挥出它的最大价值。

墨比尔斯举例说，当年他在俄罗斯拜访了一家由军事用品转为民用品生产的大型公司。当他用谦逊的口吻向工厂负责人询问时，工厂负责人的回答却简单而蛮横。墨比尔斯感觉到，对方还没有完全从国有经济的框架中走出来，对他而言，政府的指令依然是第一位的，而市场、经营、开发新产品并不被他当作分内之事。

1997年亚洲金融风暴后，泰国股市在半年之内下跌五成之多，当时外资莫不以逃离亚洲股市为首任；但是墨比尔斯认为指数不太可能跌到零点，因为国际货币基金会已经调拨第一笔170亿美元的金融援助款项，虽不足以改善金融体系，却足以防止它继续恶化。因此，墨比尔斯估计泰国股市回稳的概率更大，他请研究人员逐一列出长期复苏展望乐观值，以及与政府关系密切的公司名单，因为他认为这些公司可能在未来以较低的成本进行改革。结果，墨比尔斯成功了，获利甚丰。

> 金玉良言
>
> 如果你想等到看见隧道另一端的光明时才买卖股票，那就未免太迟了。

四、墨比尔斯的投资之道

墨比尔斯这位新兴市场教父尤其喜欢中国的A股，他认为虽然目前的整体局面为供大于求，但他同时也认为中国公司的总体估值水准会愈来愈好，对此，他充满信心。那么，墨大师都有哪些投资之道呢？让我们一起来看看吧！

● **法则一：当每个人都想进场时，就是出场时机；当每个人都急着出场时，就是进场时机。**

根据个人经验，墨比尔斯发现最好的出场方式就是——在股市高涨时，逐步地分批脱手。不要等市场下跌时才恐慌性抛售，而是在市场仍然还在上涨时就分批出场，当然，所谓的"正确的出场时机"只有上帝才知道，因此，墨大师建议当以下两个主要信号出现时，就是投资人出场的时机：

信号一：平常不太有联络的营业员，突然打电话给你，极力推荐你买某支股票，否则你可能会错失这波涨幅。

信号二：营业员用非常戏剧化的夸张语气，来推荐你买股票。

这两种情况都可能暗示市场投资气氛已经快要失去控制，市场可能发生巨幅波动的局面；另一方面，当每个人都想出场时，就是进场时机，因为在恐慌性抛售下，具有投资价值的股票，可能出现被低估的价格，最明显的例子就是受到1997年亚洲金融风暴影响，汇丰控股这家世界级、全球分散投资、专业管理的银行，存托凭证的价格居然从370美元大跌三成，这是1990

年代以来少见的价格，也因为这场金融风暴，好的股票才会出现被低估的价格。因此，当所有的人都悲观的时候，通常是马克·墨比尔斯开始转为乐观的时候。

● **法则二：最好的保护方式是分散投资。**

投资是无国界的，只要是具有获利潜力的公司，不论该公司在哪一国家，都应该列入你的投资组合当中，如此才能够达到分散单一股票或是单一国家的风险，分散投资体质佳的股票，便是你最好的保护。

反映在分散投资上，近年来共同基金也有愈来愈多分散单一国家风险的类型出现，比方说，十年前坦伯顿基金集团成立新兴国家基金时，是全球第一支且是唯一一支分散投资在新兴国家的股票基金，但目前已经超过100支新兴国家股票基金。

● **法则三：如果你想参与全球经济最快速地区的获利成长，就必须投资新兴国家。**

为何要投资新兴国家股市？答案就是成长。举例来说，中国、印度与马来西亚三个新兴国家在过去十年当中，全体经济规模成长118%；而英国、美国与日本这三个国家总的经济规模，在过去十年只成长了58%。

同时，目前全球新兴国家经济成长值平均达6.6%，远比已开发国家的2.9%为高。而尽管新兴国家股市短期波动大，但是由于长期成长动能远比已开发国家强，长期投资新兴国家的报酬收益也较高。

> **金玉良言**
>
> 谎言跟纯粹、真正的事实真相一样，都会透露出重大资讯，如果你知道从什么线索来寻找并用心倾听的话。

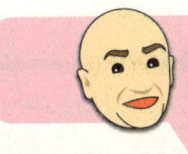

墨比尔斯的十五大投资法则

1. 当每个人都想进场时,就是出场时机;当每个人都急着出场时,就是进场时机。

2. 你最好的保护就是分散投资。

3. 如果你想参与全球经济最快速地区的获利成长,就必须投资新兴国家。

4. 经营团队的素质,是选股投资的最高标准。

5. 用FELT选择股票或股市投资。

6. 所谓"危机",就是人们开始觉醒的理由。

7. 下跌的市场终究会回升,如果你有耐心,就不需要恐慌。

8. 有时候你必须表现比大盘差,未来才能击败大盘。

9. 以资产净值判断是否值得投资。

10. 先了解一个国家的证券交易所,否则不要盲目投资。

11. 一个国家的总体面常常与个别公司的未来成长性相矛盾。

12. 选择投资标的时,如果只靠技术分析等的投资方法往往会误判情势,必须辅以实际的调查。

13. 如果全世界的股市皆因为一个国家的短期因素而出现剧烈下跌,建议立刻从持有改为买进。

14. 政治不确定性是进入一个市场的通行标志,不确定性会压抑股价,但如果你相信你的基本分析,不确定性反而是你买进原本可能价格过高的大型股的好机会。

15. 一旦当不确定成为确定,任何人皆可预测事件的后果时,先前的风险便会如轻烟一般立刻消失。

7 欧美篇 投资大师

约翰·聂夫：逆向投资者的胜利

笼罩在一片愁云惨雾中的股群一向很吸引我，个中理由非常明显：在悲观的投资风横扫之下，一般人往往低估好公司的价值，遭人冷落而低迷的许多公司——但不是全部公司——值得给予关注，虽然它们的获利不错，却遭到陷入群体迷思中的投资人的排斥和忽视。

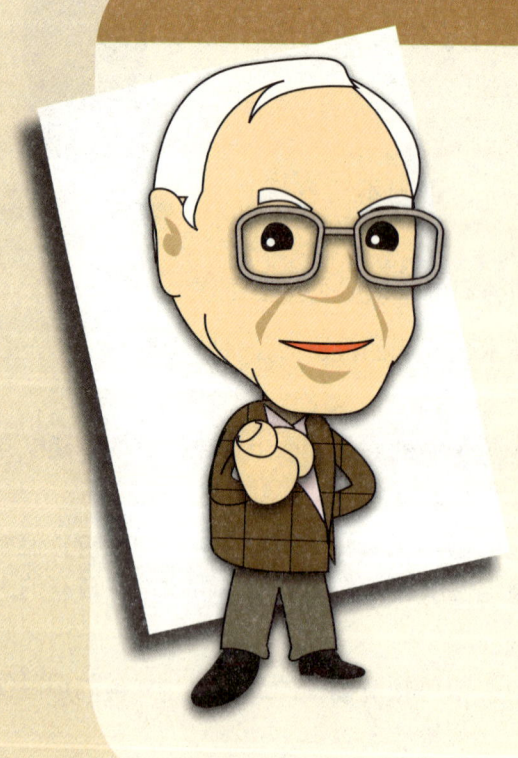

档案资料

约翰·聂夫
(John Neff)

生　　于：1931年
国　　籍：美国
出 生 地：美国俄亥俄州
毕业院校：托莱多大学
最高学历：硕士
公　　司：威灵顿基金管理公司
职　　位：基金经理
著　　作：《约翰·聂夫谈投资》

导读

如果你是一位金融界人士，对投资理财颇有见地，但由于平时工作繁忙而疏于管理自己的财产，那么你会选择哪一位资金管理人来管理自己的资金呢？一个很好的答案是：约翰·聂夫，这位在金融界外名不见经传的理财专家。在投资界以外，他几乎是默默无闻，因为他处世低调而且毫不引人注目。他的行为举止与身为华尔街显赫人物的身份极不相符，他更像是美国中西部地区的一位普通政府职员。一座离市中心不远的住宅、普通甚至有些凌乱的衣着，没有豪华的办公室，文件杂乱的情况倒像大学生宿舍。他从不关心报纸，更别提小道消息了。非金融界人士对他可能闻所未闻，但他确实是美国最负盛名的金融界人物之一。有多项民意测验显示，他是金融界人士管理自有资金的首选经理人。

一、大师生平

约翰·聂夫出生于1931年的俄亥俄州，父母早年离婚，后来聂夫随母亲和继父定居于德克萨斯州。青年时期的聂夫对学习毫无兴趣，上高中时便开始在外打工赚钱，那时他和同学的关系也不是很融洽。

高中毕业后，聂夫便进了工厂工作，这时，聂夫的生父建议他参与自己所从事的汽车和工业设备供应行业，聂夫采纳了父亲的建议。这段经历对聂夫以后的发展非常有用，因为父亲经常教导他特别注意他所支付的价格，那时他的父亲挂在嘴边的话是："买得好才能卖得好。"

之后，聂夫当了两年的海军，在军中学会了航海电子技术。退伍后，聂夫进入托莱多大学主修工业行销，其中两门课程分别为公司财务和投资。这两门课程引起了聂夫极大的兴趣，他认为自己终于找到了可以从事一生的工作——投资。大学期间，聂夫学习了大量的投资理论，后来他又去上夜校，获得了银行业和金融业的硕士学位。

1954年的圣诞节，聂夫来到纽约，他想看看自己能否胜任股票经纪人的工作。但由于他的声音不够响亮、缺少威信，因而未能从愿。有人建议他做证券分析师，但他的妻子不喜欢纽约，因此他在克里夫兰国家城市银行从事了8年半的证券分析工作，后来他成为该银行信托部的研究主管。

聂夫总是相信最好的投资对象就是那些当时最不被看好的股票，他的这种理论常常遭到同事的反对。他的同事们都喜欢大公司的股票，因为购买这类股票可以让客户安心，虽然这样做可能不能赚到多少钱。约翰·聂夫的导师亚特·邦纳斯是一个彻头彻尾的长线投资支持者，他认为投资成功的秘诀就是要比其他的人看得远，一旦下定决心，就应当坚持长期持有，不能受到外界的干扰。这种投资风格让聂夫受益无穷。

1963年，聂夫离开克里夫兰国家城市银行之后，进入费城威灵顿基金管理公司工作。当时，公司使用的是业绩抽成制，也就是说如果温莎基金的业绩良好，聂夫及其同事都可以获得较好的报酬。一年后，聂夫升任温莎基金的投资组合经理人。

如同他要买进的股票一样，聂夫的私人生活朴素，丝毫不引人注目。他的住宅除了一个网球场外，就再没有什么华丽的装饰了，他喜欢周末打一场激烈的网球赛。他总喜欢说他买的设施有多便宜，他常常坐在一把摇摇晃晃的椅子上办公，经常简洁明了地结束电话谈话，他喜欢阅读历史，特别是欧洲历史，同时他也喜欢旅游。

> **金玉良言**
>
> 投资成绩的好坏往往并不取决于某人是否掌握了某种投资圣经，而是取决于投资者是否能够坚持简单却符合逻辑的投资策略。

欧美篇・投资大师 / 约翰・聂夫

大道至简，简单的东西最适用

品种简单

经营模式简单

肯德基的经营模式及品种都很简单，却经久不衰

聂夫投资四原则

低市盈率

良好的公司基本面

高的股息收益率

关注大的市场趋势

79

二、经典投资

聂夫管理温莎基金长达24年，1998年该基金的年复合收益率为14.3%，而同期标准普尔指数只上涨了9.4%。温莎基金本身在数年内达到数十亿美元，到1988年上升到59亿美元，成为当时最大的收益型股票基金。至1995年，约翰·聂夫卸下基金经理人之职时，该基金管理资产达110亿美元。在过去的20年间，他同时也管理格迷尼基金，该基金的成长率几乎也是标准普尔指数的两倍。

聂夫的节俭在业内是出了名的，但有时候，这种节俭行为却为他制造了很好的投资机会。有一次，他在研究一家成衣仓储销售公司时，为了获得第一手资料，便托请妻子和女儿去买一件成衣样品回来研究。谁知她们却带回来三件大衣，并强烈建议聂夫买进该公司的股票，因为她们觉得这家公司的衣服价廉物美。这让聂夫大为吃惊，最后他还是接受了她们的建议，购入50万股该公司的股票，一段时间后，这笔投资为聂夫赢得500万美元的收益。

当福特公司推出新款汽车TAUTAS时，聂夫对这款汽车和这家公司产生了极大的兴趣。他之所以投资福特，是因为这家公司无债务并且拥有90亿美元现金。他认为福特的管理和通用的管理简直是天壤之别：通用的管理者高高在上，而福特的管理者和蔼可亲，他们知道如何节约成本、如道如何赢得员工的信任；福特的管理者和生产线的员工一起吃饭，所以知道员工在想些什么；福特的生产线员工一年可以得到数万元的奖金，但通用的员工却什么也没有。于是，聂夫在1984年大量买进福特股票，那一年因为人们对汽车制造业失望，使得福特公司的股价下跌到每股12美元。聂夫在1984年以低于14美元的平均价格购进了1230万美元的汽车股。三年后股价上升到50美元，给温莎基金带来5亿美元的收入。

1980年，宾夕法尼亚大学请求聂夫管理该校的捐赠基金。该基金的收入状况在过去的几十年中，在94所高校基金中表现最差。聂夫用自己一贯的方式重新组建了该基金的投资组合，他用的还是老办法，即购入低调的、不受欢迎的，但非常便宜的公司股票。他的部分委托人反对这一方式，催促他买进当时非常热门的股票，但聂夫坚持自己的观点，他向那些人解释，购入热门股票就是这一基金过去表现极差的原因。结果证明聂夫的选择是明智的，宾夕法尼亚大学的基金在往后的几十年间，一跃进入美国所有大学基金的前5名。

值得注意的是，聂夫所属的威灵顿管理公司，自1992年9月就开始投资中国台湾股市，多年来，其获利极可观，这也与聂夫的投资理念有着重大关连。

虽然同为价值投资的忠实践行者，但聂夫却与价值投资的鼻祖本杰明·葛拉汉不同，葛拉汉考虑的是公司根本性质，而聂夫需要的是股价低的好公司，因而聂夫把自己描绘成一个"低本益比猎手"。

金玉良言

华尔街的喧嚣无法扰乱我们的节奏，低市盈率投资虽然沉闷乏味，但始终是我们坚守的阵地。我们没有什么了不起，不过是有一些眼光，能够坚持己见而已。市场的流行观点只能作为我们的参考，但绝不可动摇我们的投资决定。长跑者的寂寞给了我恰如其分的描述，即使我一直是对的，也无法摆脱寂寞的煎熬。当形势恶化，孤独也愈发刻骨铭心。

耐得住寂寞，才能钓得上大鱼

三、大师教你投资

约翰·聂夫非常重视"价值投资",他喜欢购买某一时刻股价非常低、表现极差的股票。而且他总会在股价过高、走势太强时,准确无误地抛出股票。在行情低迷时买进,在行情过热时卖出,聂夫是一个典型的逆向行动者。约翰·聂夫和同类人之间的区别就在于他能始终处于收入状态。

多数投资者喜欢选择成长股作为自己的投资目标,对此,聂夫有他自己的见解。他认为成长类股票的价格往往过分超出真正的价值,而且成长股还有两个需要注意的地方:一是它的死亡率过高,即人们认识到它的高成长后,这种高成长往往不会维持太久;另一个是一些收益较高但股价成长较缓的公司股票可以让你获得更好的报酬率。

另外,股票的增长率也是聂夫所考虑的,重点中的重点,聂夫宣称投资者往往倾向于把钱花在高成长的公司,但公司股票没有继续成长,并不是公司本身经营出了什么问题,而是公司股价已没有成长的余地。

聂夫十分注重本益比的对比分析,他认为要从七方面观察任何一家上市公司:

1.企业规模方面,一般要求公司收入、市值等方面具备较大的规模。因为规模在一定程度上能反映公司的行业地位、品牌资源等;此外,大中型的公司在亏损后东山再起的机会较大,如在美国市场上,就有市值至少在50亿以上的要求。

2.企业经营层面,主要分为以下几个方面,如企业安全性方面,要求现金流健康;具有一定的盈利能力,要求主营业务利润大于0,并且一般也不要求必须有较高的成长;财务实力方面,如偿债能力需要求资产负债率低于行业水准等。

3.价格水准方面,要求有合理的价格,一般用低本益比标准来选取,如市盈率低于市场平均本益比的40%左右。

4.股息收益率方面,持续的股息支付水准是展现公司长期价值的一个方面，如果股票价格下跌，高股息率将弥补一部分损失。

5.盈收成长率方面，大多数对此要求不高。有的还对此有一定限制，如未来几年盈利预测负成长或零成长，大于5%即不合格。

6.投资情绪方面，如跟踪分析师的情绪指数，可要求小于0，大于2即不合格，这显示出大多数价值股并非分析师看好的股票。

7.投资预期方面，如要求盈利预测被不断调低，或维持不变；最近一次公布的盈利低于市场预期。

金玉良言

价值投资为什么得不到大多数人的坚持？因为它是孤独者的游戏。人类是群居动物，所以，"在别人恐惧时贪婪，在别人贪婪时恐惧"是何等的困难，追根究底，人最难战胜的是自己。

人最大的敌人是自己

战胜自己　与自相处

人最难战胜的是自己

聂夫选股标准

1. 调整股息后的PEG小于等于全部股票的平均值。
2. 每股盈收增长率在7%～20%之间。
3. 五年的收入年均成长率在7%～20%之间。
4. 过去十二个月和上个财政年度的每股现金流为正数。
5. 过去12个月利润率大于等于行业平均利润率。
6. 上个财政年度的利润率大于等于行业平均利润率。

小知识 何谓PEG

所谓PEG，是用公司的本益比（PE）除以公司未来一段时间的每股本益比盈余成长率。当PEG等于1时，表示市场赋予这支股票的估值可以充分反映其未来业绩的成长性。比如一支股票当前的本益比为20倍，其未来5年预期每股本益比盈余成长率为20%，那么这支股票的PEG就是1。

8 欧美篇 投资大师

罗伊·纽柏格：美国"共同基金之父"

投资者的成功是建立在已有的知识和经验基础之上的。

档案资料

罗伊·纽柏格 (Roy R.Neuberger)

生　　于：1903年7月21日
逝　　于：1999年
国　　籍：美国
出 生 地：美国康乃狄克州
著　　作：《活得真好》

点石成金：投资大师炼金术

导读

罗伊·纽柏格是华尔街的传奇人物。他是唯一同时在华尔街经历了1929年大萧条和1987年股市崩盘的人。罗伊没有读过大学，也没有上过商业学校，但他在1950年创建了低佣金的"保护者基金"，成为美国开放式基金之父。在近70年的投资生涯中，罗伊·纽柏格没有一年赔过钱，被称为"世界长寿炒股赢家"。

一、大师生平

罗伊·纽柏格1903年7月21日出生于美国康乃狄克州，9岁时失去了母亲，祸不单行，13岁时父亲也离开了人世，他也没机会进入大学。1929年经济大萧条几个月之前，纽柏格进入华尔街开始交易生涯，虽然当时他只是经纪人公司的一个跑腿。

他既是唯一同时在华尔街经历了1929年大萧条和1987年股市大崩溃的人，又是成功地躲过大萧条和大崩盘的人，不仅两次都免遭损失，而且在大股灾中取得傲人收益。

纽柏格于1950年创建低佣金的"保护者基金"，后来他成为合股基金的开路先锋。他在长达70年的职业投资中，没有一年赔过钱，被业内人士称为世纪长寿炒股赢家。今天他的经纪人公司"纽柏格—伯曼公司"管理的金额高达500亿美元。

纽柏格虽然没有读过大学，也没有上过商业学校，但是他能够不断学习，他喜欢见到各种各样的人，并且从见到的每个人身上学到一些东西。华尔街对于纽柏格来说，是一个可以让他一展长才的好地方。

与其他众多投资大师不同的是，纽柏格对华尔街的热情来自于经营艺术以及对艺术的支持。金钱只是纽柏格的"副产品"，他总是将大量的金钱用于购买伟大的艺术作品，并对文化予以支援。

至今，纽柏格已经捐赠了逾850件艺术作品给纽柏格博物馆。他说："我明白，金钱能使这个世界运转，但我不相信金钱；我知道，艺术无法使这个世界运转，但我笃信艺术。"纽柏格就是这样一位白手起家的百万富翁，一位颇具传奇色彩的股票交易商。

更让人佩服的是，纽柏格不但征服了华尔街，还征服了华盛顿。他既钟情于股市又热衷于政治，被人们冠以"总统顾问""公园长椅政治家"。在他交往的好友中，我们不难发现烟草大王杜克、金融教皇摩根、洛克菲勒等人的身影。

纽柏格认为，要在股市中取得优秀的成绩，你必须客观地看待事物，要理性而务实，而不要看到别人希望的假像。市场有它自己涨跌的规律，就像大海的波涛一样，有起有落，并非毫无规则。

有时候，一个长远的投资者可以忽视起落；因此必须绝对适应不断变化的波浪，与之和谐一致，那往往是一次随浪花起伏的旅行。

纽柏格在94岁高龄时，出版了著作《活得真好》（原名《So far so good: the first 94 years》），以自传形式讲述自己的人生历程和追求事业的生涯。在书中，他告诫投资者，喜欢赚钱是好的，但应该把赚来的钱用在既能让自己开心，又能帮助别人的地方，这才是生命中真正快乐的事情。

> **金玉良言**
>
> 今天的股市需要佛洛伊德教授把它放在睡椅上分析一下。某些以往不曾有过的因素诱导着市场，使它过于神经质。

纽柏格的不同角色

艺术收藏大师

美国"共同基金教父"

公园长椅政治家

二、投资前先了解你自己

有人说，人最大的敌人往往就是自己，而不是别人或外在环境等，对此，有的人可能不相信，但事实确实如此。

在投资领域里，投资的成功依赖于适合投资者个人特点的投资方式。纽柏格认为，能够在各种纷乱的情况下，抓住那些重要的资讯并能加以自己独立的分析判断，这样的人才适合入市。纽柏格之所以愿意而且能够驰骋华尔街60余年不倒，很重要的一个原因就是他十分清楚自己的素质很适合在华尔街工作。所有想要从事证券投资并希望取得良好成绩的人，都应该先测试一下自己，看看自己的脾气、性格怎样，是否存有投机心理，对风险的偏好如何。只有真正了解自己的人，才有可能在投资事业上寻找到适合自己获得财富的方式。如纽柏格认为投资者的成功是建立在已有的知识和经验基础上，你最好在自己熟悉的领域进行专业投资，如果你对某领域知之甚少，或者根本没有对公司及细节进行分析，你最好还是离它远一点。

纽柏格没有把钱放在海外投资上，因为他知道自己不了解海外市场，他几乎没有在国外证券市场上做过交易，而主要是在国内投资。他的国际性投资也是通过本国公司进行的。

投资者入市前最好先测试一下自己的性情、脾气，你是否有投机心理？对于风险，你是否会感到不安？你要百分之百地、诚实地回答你自己。你进行判断时应该是冷静的、沉着的。沉着的意思是根据实际情况做出审慎的判断。如果你事先准备工作做得好，当机立断是不成问题的。

进行投资之前，先研究一下你自己。对一个投资者来说，你自身的力量可以帮助你走向成功。如果你觉得错了，赶快退出来，股市不像房地产那样需要很长时间办理手续才能改正，你是随时可以从中逃出来的。

"投资前先了解自己"是一项非常重要的原则，我们老百姓经常说，人贵有自知之明，要弄明白自己能吃几碗饭。所以，每个投资者在准备投资前，都应该先充分地了解自己，看看自己的年龄、收入、资产、职业、风险承受能力、风险忍受态度、资金闲置时间、资金用途等方面选择最适合投资哪些产品、是否适合投资高风险的理财产品；如果不适合，就只能投资于适合自己的产品，绝对不能不顾自己的实际情况而一意孤行，否则将可能给自己带来无尽的烦恼和痛苦。

> **金玉良言**
> 钱是有用的，我们得面对它，但它绝不能和健康平起平坐，当然更无法和伟大的艺术相提并论。

小测试 了解你自己是哪种类型的投资者

1.你购买一项投资，在一个月后暴涨了40%，你会？	A.卖掉它。 B.继续持有，期待未来可能性与更多的收益。 C.买入更多——也许会涨得更高。
2.你购买了一项投资，在一个月后跌去15%的总价值，你会？	A.卖掉它，以免日后它不断跌价而寝食难安。 B.坐等投资回到原有的价值。 C.买入更多。
3.哪件事会让你最开心？	A.你从一个富有的亲戚处继承了10万元。 B.你在公开竞赛中赢了10万元。 C.你冒着风险，投资的5万元基金带来了10万元的收益。
4.什么情况下，你就会感觉良好？	A.你投资于基金，从而避免因为市场下跌而造成的一半投资损失。 B.你的股票投资翻了一半。 C.你的股票投资翻了一倍。
5.邻居召集集资，如果成功，会带来50～100倍的投资收益，如果失败，所有的投资一文不值，你的邻居估计成功概率有20%，你会投资多少钱？	A.一个月的薪水。 B.六个月的薪水。 C.一年的薪水。
6.你现在有机会来买一块土地的部分产权，价格是你两个月的薪水，你估计收益会相当于10个月的薪水，你会？	A.随它去——和自己没关系。 B.购买这个产权。 C.联系朋友购买这个产权。
7.你的投资选项为何？	A.100%的机会获得2000元。 B.50%的机会获得4000元。 C.20%的机会获得1万元。
8.假设通货膨胀率目前很高，硬通货资产如稀有金属、收藏品和房地产预计会随通货膨胀率同步上涨，你目前的所有投资是长期债券，你会如何做？	A.继续持有债券 B.卖掉债券，把一半的钱投资基金，另一半投资硬通货资产。 C.卖掉债券，把所有的钱投资硬通货资产。
9.在一项博奕游戏中，你已经输了500元，为了赢回500元，你准备的翻本钱是多少？	A.不来了，现在就放弃。 B.100元。 C.超过500元。

选择A的计为1分、选择B的计为2分、选择C的计为3分。
测试结果：9～14分为保守型投资者；14～19分为稳健型投资者；19分以上为积极型投资者。

三、纽柏格的成功策略

● 向成功的投资者学习

股市中有许多成功的大师，学习他们的投资经验可以帮助我们成功。洛威普莱斯看重新兴工业增长性，从而获得成功；本杰明·葛拉汉尊重基本价值规律；沃伦·巴菲特则认真地研究他在哥伦比亚大学学习时老师本杰明·葛拉汉教给他的经验；乔治·索罗斯把他的思想理论运用于国际金融领域；吉姆·罗杰斯发现国防工业股票，并把自己的想法和分析告诉老板索罗斯——他们每个人都通过自己的方式取得了巨大的成功。

● "羊市"思维

股市中的羊群效应特别明显。在羊市中，人们会尽可能去想多数人会怎样做。他们相信大多数人一定会排除困难找到一个有利的方案。这样想是危险的，这样做是会错过机会的。设想大多数人是一机构群体，有时他们会互相拖累，成为自己的牺牲品。你可以学习成功的投资者的经验，但不要盲目追随他们。

● 坚持长线思维

注重短线投资容易忽略长线投资的重要性。企业经常投入大量资金，进行长线投资，当然同时会有短期效应，如果短期效果占主导作用，那将危害公司的发展和前景。

获利应建立在长线投资、有效管理、抓住机遇的基础上。如果安排好这些，短线投资就不会占主要地位。

● 及时进退

时机可能无法决定所有事情，但时机可以决定许多事情。本来可能是一个好的长线投资，但是如果在错误的时间买入，情况会很糟。有的时候，如果你适时购入一支高投机股票，你同样可以赚钱。优秀的证券分析人可以不追随市场主流而做得很好，但如果顺潮流而动，操作起来就更简单些。

成功的投资者之所以会成功，是因为他会在市场疲软时，投入大量资金买入，这样可以用同样的资金换得更多的股票。相反地，投资者会在强市中将股票高价卖出，卖出的股票虽然不多，却能赚得很多钱。这条原则很简单。

● **认真分析公司状况**

投资者必须认真研究公司的管理状况、领导层、公司业绩以及公司目标，尤其需要认真分析公司真实的资产状况，包括：设备价值及每股净资产。这个概念在世纪初曾被广泛重视，但这之后几乎被遗忘了。

公司的股利发放也十分重要，需要重视。如果它的分配方案是适当的，它的股价可以更上一个台阶，否则就要注意。如果公司分出90%的利润，注意，这是一个危险的信号，下一次就不会分了；如果公司只分出10%的利润，这也是一个警报，一般公司的分配方案是分出40%~60%的利润。

● **不要陷入情网**

在这个充满冒险的世界里，因为存在着许多可能性，人们会痴迷于某种想法、某个人、某种理想，而最能使人痴迷的恐怕就算股票了。但它只是一张证明你对一家企业所有权的纸，它只是金钱的一种象征。热爱一支股票是对的，但当它股价偏高时，还是小心点较好。

> 金玉良言
>
> "羊市"与时装业有些类似。时装大师设计新款时装，二流设计师仿制它，千千万万的人追赶它，所以裙子忽短忽长。

纽柏格的成功策略

- 向成功的投资者学习
- 及时进退
- "羊市"思维
- 认真分析公司状况
- 现在跌没关系~重点在长线。
- 坚持长线思维
- 不要陷入情网

小知识

羊群效应

经济学里经常用"羊群效应"来描述经济个体的从众跟风心理。羊群是一种很散乱的组织,平时在一起总是盲目地左冲右撞,一旦有一头羊动起来,其他的羊也会不假思索地跟着一起跑,全然不顾前面可能有狼或者不远处有更好的草。因此,"羊群效应"就是比喻人都有一种从众心理,从众心理很容易导致盲从,而盲从往往会陷入骗局或遭到失败。

9 欧美篇 投资大师

安东尼·波顿：英国最知名的投资基金经

> 如果你希望表现超越其他人，你必须持有一些与其他人不同的部分。如果你希望超越市场，不应持有的部分就是市场本身，你必须与众不同。
>
> 投资人需要做一些事实查证的功课，以避免被外在的繁华景象所迷惑，因此应了解一个企业的绝对价值。

档案资料

安东尼·波顿 (Anthony Bolton)

生　　于：1950年3月7日
国　　籍：英国
出 生 地：英国
毕业院校：剑桥大学
公　　司：富达基金公司
职　　位：基金经理
著　　作：《安东尼·波顿教你选股》

导读

谁是欧洲最成功的基金经理人？毫无疑问地，曾任职于富达国际基金特别时机基金的安东尼·波顿可说是极少数名列前茅的基金经理人之一。如果你1979年投资1000英镑在他的基金，到2007年底的价值将高达147000英镑以上。每年超过20%的平均复合成长率；换句话说，每年有超过《金融时报》全股指数7%的水准。这一持续战胜市场的过往记录可与投资大师沃伦·巴菲特与彼得·林奇相媲美。现年66岁的波顿，他不仅被认为是英国乃至欧洲几十年来最成功的基金经理人，而在2008年还被《泰晤士报》评选为史上十大投资大师，位列葛拉汉与巴菲特之后。

一、大师生平

波顿于1950年出生于英国，早年曾在剑桥大学求学，不过专业是材料工程学，与金融投资领域毫不相关。

波顿毕业后，在很偶然的情况下，经由一位朋友介绍进入金融业。1971年，波顿最初在伦敦一家小型商业银行工作，不过这家商业银行很快便在英国20世纪70年代中期的银行整顿中倒闭了。

但是，在商业银行的工作经历形成了波顿后来一直秉承的投资风格。因为该银行管理的一只信托基金，主要投资于一些小型公司。波顿从那个时候就开始有这种偏好和做自己的内部市调研究，从那以后，波顿就一直喜欢用股市趋势图表作为他的投资参考。

1976年，波顿跳槽至一家由南非控股的资产投资管理公司的伦敦分部，起初是担任投研助理，后来升任基金经理，开始独立管理基金。

3年后，也就是1979年，是波顿人生中具有关键意义的一年。那一年，玛格丽特·撒切尔当选英国首相，而波顿也在很短的时间内完成了人生中极其重要的两件大事：结婚和换工作。波顿的妻子莎拉是他所在的那家资产投资管理公司的同事，随后的事实证明，正是妻子的帮助，才成就今天的投资大师波顿。

当时29岁的波顿雄心勃勃，立志要在30岁之前升到主管的位置，但是，当时的他生性腼腆，犹豫要不要主动去联系当时已经去富达国际的一位前同事，是波顿的妻子则极力鼓励他打这个电话。

就这样，波顿在1979年12月加入了富达国际。当时富达国际在英国市场投放了首批4支信托基金，其中就有后来由波顿管理的、叱咤风云的富达国际基金特别时机基金。

在富达基金公司，波顿投资技巧的核心，是以一种逆向进取的方法寻求资本成长的机会，并且自始至终都没有变过。基于这一点，波顿集中投资于那些并非市场巨头的公司股票。而且采取"自下而上"的选股方法。

起初在富达的那段日子里，波顿同时还为一些企业客户管理养老基金，但是和信托基金相比，养老基金的投资更加保守，因而投资自由度上会受到一些限制。

20世纪80年代中期，波顿又承担起了富达欧洲信托基金发行的管理任务。波顿对欧洲市场尤其感兴趣，因为就投资而言，和英国相比，这个市场还很不成熟，因此存在大量机会且可以寻找被低估的股票，这对于像波顿这样的投资者来说，是一个非常诱人的市场环境。

1990年，波顿开始管理总部位于卢森堡、后来成为富达基金规模最大的欧洲成长基金。该基金创立时，仅仅投资于不包括英国在内的欧洲市场，但后来，它发展成包括英国股票在内的泛欧洲基金，是富达基金规模最大的基金。

到90年代初期，波顿的公司又发行了两支信托基金：1991年发行的富达欧洲价值上市公司基金和1994年发行的富达特殊价值基金。直到2007年底波顿卸任前，他所管理的富达国际基金特别时机基金，累计报酬率高达147倍；换句话说，如果你在1979年就凑足10万英镑投资波顿旗下的基金，到了2007年底，你就能够拿到1470万英镑。

让人惊讶的是，虽然选股和投资是波顿的最爱和职业，但他还是一位古典音乐的作曲家，其谱写的一首颂歌——《A Garland of Carols》，曾经在圣保罗大教堂公开演奏。

　　安东尼·波顿，一位不凡的投资大师。

金玉良言

1. 了解企业本质与品质——企业在品质与永续经营能力上差异极大，必须了解企业本身、它如何赚钱及其竞争力定位。
2. 了解驱动企业的关键变数——明辨影响一家公司绩效的关键变数，尤其是那些公司无法控制的因素，譬如汇率、利率、税制变化等。

妻子的鼓励成就了波顿

波顿的成绩：如果你在1979年就凑足10万英镑投资波顿旗下的基金，到2007年底，你就能够拿到1470万英镑。

1979年　10万英镑　　　　2007年　1470万英镑

二、成功有道

波顿成功的最大因素还是在于他的刻苦钻研。

在其近30年的投资生涯中，由于意识到公司独立分析研究的重要性，波顿除了分析目标公司的财务状况和相对估值法，他同时还会去拜见大量这种类型的公司管理人员，旨在获得资讯优势，因为获得一手资讯有利于发掘市场的无效率性和被低估公司的隐藏内在价值。

实际投资中，和其他参照基准的基金经理不同的是，波顿并不在意持有的股票和《金融时报》全股指数的成分股偏差如何。他的目标也是在长期内尽量获得最高的年平均收益，即使短期内收益会有所波动也不为所动，正是这种特殊和独立的方法，使得波顿赢得更多高于市场平均水准的大额收益。

从每年最大的10只持股股票名单中可以看出，它们确实是一只实至名归的特殊情况基金，其中很多公司都名不见经传，一些大家耳熟能详的大公司名字也只是偶尔出现。

另外，波顿一直偏爱一些特许经营的公司，任何时候只要它们的市值够吸引人，或者它们作为复苏股票再次出现，波顿就一定会再次购买。

在波顿看来，一个成功的投资者必须具备两种品质：对潜在投资机会进行勤勉而广泛的研究，以及摆脱市场对"热股"普遍追捧的影响。

从早期开始，波顿的投资方法就一直是建立在对公司进行内部调查的基础上，他要考虑公司内部股票分析师的分析并与投资目标公司管理阶层定期召开会议，而后来这种模式成为波顿许多竞争对手的范本。

波顿认为，市场反向投资者取得成功的重要先决条件是研究。独立评估各个公司优劣势、发掘新公司，以及判断当前股价在多大程度上反映各公司优劣势，是波顿判断是否持有公司股票的三大方法。

对于现在依然让人"色变"的金融危机，以及市场仍然混沌不明的时刻，波顿表现出他作为坚定逆向投资者的行动和观点。因为波顿的富达国际基金特别时机基金在2007年底其他人极度疯狂的时候，已经大量抛出股票，持有现金从而很好地抵挡住随之而来的全球风暴。

"这是好几年来的第一次,我对股市的前景开始感到非常乐观。"波顿2009年在接受媒体采访时表示。波顿说,如果你感到非常痛苦,很可能是因为你买在股市高点。

多年投资经验累积,波顿认为,投资人的致命错误有两个,买在高点是一大错误,而第二个错误则是卖在低点,既然错了一次,就不该再错第二次。波顿说现在急着卖股票的投资人,正在犯下天大的错误,并且他认为金融类股将会首先反转,其基金已经开始买入相关股票。

金玉良言

1. 避免有缝就钻的经营阶层——经营阶层诚信不足或见风转舵的企业,千万不要碰。
2. 试图领先其他人两步——试着想清楚有什么是今天遭到市场忽视却可能在未来重燃兴趣的。就像下棋一样,如果能够比别人提早一步想到,通常都会有收获。

投资者必备的两种素质

对潜在投资机会进行勤勉而广泛的研究

摆脱市场对"热股"普遍追捧的影响

点石成金：投资大师炼金术

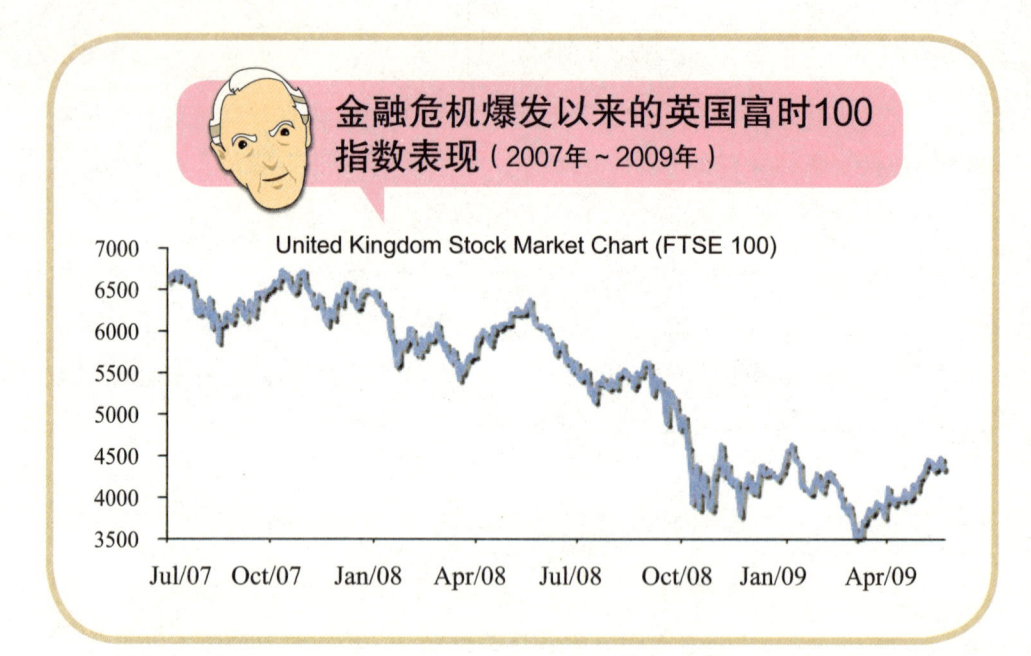

金融危机爆发以来的英国富时100指数表现（2007年~2009年）

United Kingdom Stock Market Chart (FTSE 100)

小知识 年复合成长率

年复合成长率是指每年的收益还可以产生收益，就是俗称的利滚利。复利的计算是对本金及其产生的利息一并计算，也就是利上有利。复利计算的特点是：把上期末的本利和作为下一期的本金，在计算时，每一期本金的数额是不同的。

公式为：(现有价值/基础价值)$^{1/年数}$ − 1

举例说明

公司在2000年1月1日，最初投资了100000元，

在2001年1月1日，公司资产成长到130000元，年成长率GR为30%

在2002年1月1日，公司资产为140000元，年成长率GR为7.7%

到2003年1月1日，公司资产为195000元，年成长率GR为39%

可以看到年成长率GR变化很大。

而三年的复合成长率计算为：

$(195000/100000)^{1/3} - 1 = 0.2493$，即为24.9%。

10 欧美篇 投资大师

乔治·索罗斯："国际金融大鳄"

当有机会获利时，千万不要畏缩不前；当你对一笔交易有把握时，给对方致命一击，即做对还不够，要尽可能多地获取。

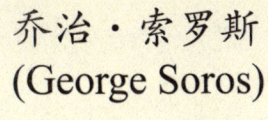

档案资料

乔治·索罗斯 (George Soros)

生　　于：1930年
国　　籍：美国
出 生 地：匈牙利布达佩斯
毕业院校：伦敦经济学院
最高学历：本科
公　　司：量子基金
著　　作：《金融炼金术》《索罗斯带你走出金融危机》等

导读

号称"金融天才"的乔治·索罗斯,从1969年建立"量子基金"至今,他创下了令人难以置信的业绩,以平均每年35%的综合成长率,令华尔街同行望尘莫及。他好像具有一种左右世界金融市场的超能力,他的预测能力连同行也大为赞赏。他的一句话就可以使某种商品或货币的交易行情突变,市场的价格随着他的言论上升或下跌。

一、大师人生

1930年,乔治·索罗斯出生于匈牙利布达佩斯的一个犹太家庭,父亲是一位精明强悍的律师。

1944年,纳粹入侵布达佩斯,索罗斯的父亲靠着自己的聪明才智,让全家躲过了这场世纪劫难。

1947年,17岁的索罗斯只身前往伦敦寻求发展。

1949年,进入伦敦经济学院学习,受英国哲学家卡尔·波普影响深远。

1953年,毕业后开始金融生涯,随后成为一名套利交易员。

1959年,转投资经营海外业务的公司,并成功预测德国安联保险公司的股票升值。

1963年,开始为安贺布莱公司效力,并在1967年凭借擅长经营外国证券的才能,晋升公司研究部主管,之后说服公司建立两家海外基金——老鹰基金和双鹰基金,在他的操作下均盈利颇丰。其间他与吉姆·罗杰斯被称为华尔街上的最佳黄金搭档。

1973年,与罗杰斯离开安贺布莱公司,创建了索罗斯基金管理公司,通过低价购买、高价卖出的投资招数,以及卖空雅芳化妆品公司等交易,使基金净值呈量子般增长。

1979年，公司更名为量子基金。

1980年，量子基金成长102.6%，但同时罗杰斯决定离开公司。

1981年，因误判美国公债市场行情而遭遇量子基金的首次大损失，下跌程度达22.9%。

1982年，索罗斯运用自己的"盛—衰"理论成功预测里根政府时期的美国经济繁荣，到1982年年底，量子基金上涨了56.9%。

1985年9月，成功预测德国马克和日元即将升值而美元贬值，通过做多，马克和日元为他前后赚了大约1.5亿美元，量子基金在华尔街声名大噪。

1992年，抓住英镑无法维持高汇率的时机，成功投资英镑，获利近10亿美元，基金成长67.5%，一跃成为世界闻名的投资大师。

但索罗斯也并非完全不曾失手，1987年，因误判日本证券市场即将崩盘而将资金转移到华尔街，结果却损失了约6.5亿～8亿美元，使量子基金净资产下跌26.2%。1994年，因卖空马克和日元，损失6亿美元。

看透东南亚经济繁荣下掩盖的金融管制松弛漏洞，索罗斯分别于1993年、1997年掀起两次攻击，在1997年成功狙击泰国泰铢，随后扫荡东南亚各国金融市场，造成严重的东南亚金融危机。

1998年，索罗斯进攻港元失败，获利希望落空。随后他出资9.8亿美元协助一位财团寡头完成对俄罗斯国家电信公司25%股权的收购，但遭到寡头欺诈，成为投资生涯中的最大败笔，量子基金元气大伤。

2000年4月28日，宣布关闭旗下两大基金——"量子基金"和"配额基金"。

2001年，将量子基金重新命名为"捐赠基金"，这个基金会把大部分资金转让给外聘基金经理人，主要从事低风险、低报酬的套利交易。

2003年11月，索罗斯基金会驻俄办公室被勒令关闭。

2007年，次贷危机爆发后，他重新入局，量子基金该年实现了32%的报酬率。在危机扩大的2008年，基金报酬率依旧达到近10%。

金玉良言

如果你的表现不尽人意，先要采取的行动是以退为进，而不要铤而走险。当你重新开始时，不妨从小处做起。

黄金搭档

1973年，索罗斯和好友罗杰斯创建了索罗斯基金管理公司。

公司刚开始运作时，只有三个人：索罗斯是交易员，罗杰斯是研究员，还有一人是秘书。

索罗斯订阅大量的商业期刊，每天研究成堆的报告，他在寻找每一个机会、每一个空隙。他们合作的十余年间，取得令华尔街赞叹的成绩。

二、经典之役——狙击英镑

英镑在200年来一直是世界的主要货币,其国际强势地位一直无人能撼动;然而,索罗索斯却不这么认为,他决定要做一件前人没有做过的事——挑战英镑和英格兰银行。

1989年11月,德国统一,索罗斯认为德国的崛起与重建必将对其他欧洲国家的经济及货币带来深远的影响。

1990年,英国加入欧洲货币体系,使得英镑的货币随其他西欧国家货币的变化而变化。由此,索罗斯认为英国犯了一个决定性的错误。

尤其是在1992年2月7日,欧盟12个成员国签订《马斯垂克条约》。这一条约使一些欧洲货币如英镑、意大利里拉被高估,为以后英镑和里拉的大幅贬值埋下了祸根。

索罗斯从中看到机会,由于各国的经济实力以及各自的国家利益,使条约内容很难保持协调一致。一旦构成欧洲货币体系的一些"链条"出现松动,像他这样的投机者便会乘虚而入,并从中获利。

事实正如索罗斯所料,由于英国的经济长期不景气,为刺激本国经济,英国政府必将降低利率来刺激本国经济,但如果英镑单方面降低利率,将会削弱英镑的地位,迫使英国不得不退出欧洲货币体系。此时的英国政府似乎不知何去何从;而索罗斯及其他投机者却在暗地里为攻击英镑做准备。

后来,英国政府越来越难维持英镑的高利率水准,便请求德国降息,但德国怕低利率会引起本国通胀,拒绝英国政府的请求。英国政府多次在公开场合声称要维持英镑的强势地位,但这一切在索罗斯看来,只不过是虚张声势。

外汇市场上,英镑对马克的汇率不断下跌,英国政府为了防止投机者使英镑对马克的汇率低于欧洲货币体系中所规定的下限2.7780,下令英格兰银行购入33亿英镑来干预市场。但政府的干预并未产生预期中的效果，使得索罗斯更加坚信自己以前的判断，他决定在危机显现时出击。

1992年9月，索罗斯等投机者开始进攻欧洲货币体系中那些疲软的货币，他们在市场上大量抛售疲软的欧洲货币，包括英镑、意大利里拉等，使得这些国家的中央银行不得不拆借巨资来支持各自的货币价值。

仅索罗斯一人，在这场与英国政府的较量中就动用了100亿美元。索罗斯抛售70亿美元的英镑，购入60亿美元为后盾的货币——马克。同时，索罗斯认为一个国家货币的贬值（升值）通常会导致该国股市的上涨（下跌），于是，他又购入价值5亿美元的英国股票，并卖出德国股票。

下完赌注后，索罗斯开始等，果然不出他所料，1992年9月中旬，危机终于爆发。市场上到处流传着意大利里拉即将贬值的谣言，随即大量出现抛售里拉的现象。9月13日，意大利里拉贬值7%。

1992年9月15日，索罗斯决定大量放空英镑。英镑对马克的比价一路下跌至2.80，虽然英格兰银行大量购入英镑以救势，但仍未能挡住英镑的跌势。英镑已处于退出欧洲货币体系的边缘。

英国政府此时已是热锅上的蚂蚁，采取各种措施来应付这场危机，其请求德国政府降低马克利率，但遭到拒绝。英国又大幅提高英镑利率，一度达到15%，但仍成效甚微，英镑的汇率还是低于2.778的最低限度。当天，英镑被迫退出欧洲货币体系。英国人把1992年9月15日——退出欧洲货币体系的日子，称作"黑色星期三"。

毫无疑问地，索罗斯是这场袭击英镑行动中最大的赢家，从英镑空头交易中获利已接近10亿美元，在英国、法国和德国的利率期货上的多头和意大利里拉上的空头交易，使他的总利润高达20亿美元，其中索罗斯个人收入为6.7亿。在这一年，索罗斯的基金成长了67.5%。

狙击英镑一役使得索罗斯声名远播，以后的十多年里，各国政府在谈及这位国际狙击手时，仍闻风色变。

金玉良言：在相同行业中选择股票时，同时选择最好和最坏的两家公司进行投资。

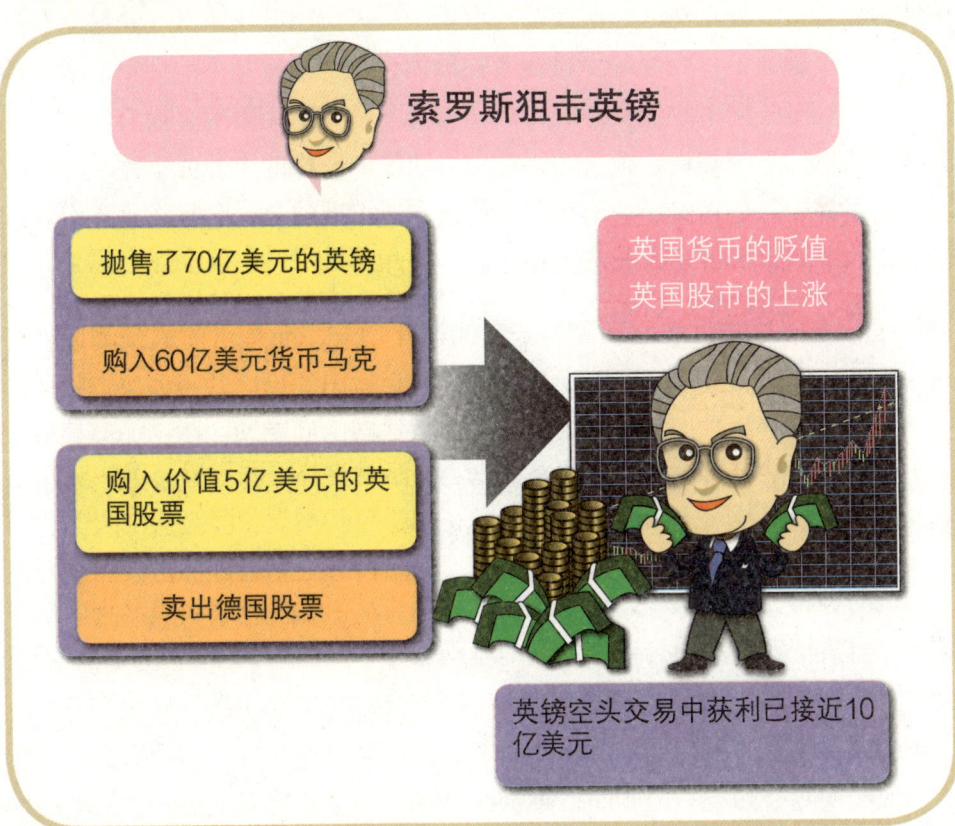

索罗斯狙击英镑

- 抛售了70亿美元的英镑
- 购入60亿美元货币马克
- 购入价值5亿美元的英国股票
- 卖出德国股票

→ 英国货币的贬值
英国股市的上涨

英镑空头交易中获利已接近10亿美元

三、索氏理论

传统的经济学家认为市场是具有理性的，运作有其内在的逻辑性。由于投资者对上市公司的情况能够作充分了解，所以每一只股票的价格都可以通过一系列理性的计算，得到精确的确定。当投资者入市操作时，可以根据这种认知，理智地挑选出最佳品种的股票进行投资。而股票的价格将与公司未来的预期收入保持理性的相关关系，这就是有效市场假设，它假设了一个完美无瑕、基于理性的市场，也假设了所有的股票价格都能反映当前可掌握的资讯。另外，一些传统的经济学家还认为，金融市场总是"正确"的，市场价格能正确地折射或反映未来的发展趋势，即使这种趋势仍不明朗。

索罗斯经过对华尔街的考察，发现以往的经济理论是多么的不切实际。他认为金融市场是动荡的、混乱的，市场中买入卖出的决策并不是建立在理想的假设基础之上，而是基于投资者的预期，数学公式是不能控制金融市场的；而人们对任何事物能实际获得的认知都不是非常完美的，投资者对某一股票的偏见，不论其肯定或否定，都将导致股票价格的上升或下跌，因此市场价格也并非总是正确、总能反映市场未来的发展趋势，它常常因投资者以偏概全的推测而忽略某些未来因素可能产生的影响。

实际上，并非目前的预测与未来的事件吻合，而是目前的预测造就了未来事件。所以，投资者在获得相关资讯之后做出的反应并不能决定股票价格。其决定因素与其说是投资者根据客观资料做出的预期，还不如说是根据他们自己心理感觉做出的预期。投资者付出的价格已不仅仅是股票自身价值的被动反映，还成为决定股票价值的积极因素。

同时，索罗斯还认为，由于市场的运作是从事实到观念，再从观念到事实，一旦投资者的观念与事实之间的差距太大，无法得到自我修正，市场就会处于剧烈的波动和不稳定的状态，这时市场容易出现"盛—衰"的轮回。投资者的获利之道就在于推断出即将发生且预料之外的情况，判断盛衰过程的出现、逆潮流而动。但同时，索罗斯也认为投资者的偏见会导致市场跟风行为，而不均衡的跟风行为会因过度投机而导致市场崩溃。

索罗斯虽然痛恨赔钱，但他却能够忍受痛苦。对于有些人而言，犯错是耻辱的来源，而对于他来说，认识错误则是一件可以引以为傲的事情；因为在他看来，认识缺陷是人类与生俱来的伴侣，他不会因为错误百出而备感伤心丢脸，他随时准备修正自己的错误，以免在曾经跌倒过的地方再度绊倒。

一个投资者之所以被称为"伟大的投资者",关键不在于他是否永远是市场中的大赢家,而在于他是否有承认失败的勇气,能否从每一次的失败中站起来,并且变得更加强大,而索罗斯恰好具备了作为一个"伟大投资者"的素质。

金玉良言

承认错误是件值得骄傲的事情。我能承认错误,也就会原谅别人犯错,这是我与他人和谐共事的基础。犯错并没有什么好羞耻的,只有知错不改才是耻辱。

索罗斯的两次失败

1981年第一次失败

索罗斯判断美国公债市场会出现一个较大的上升行情

用所借的银行短期贷款大量购入长期公债

银行利息 大于 公债利率

由于美国经济保持强势发展,银行利率不断地快速攀升,已远远超过公债利率。每股损失3~5个百分点,总计大约损失几百万美元,量子基金的利润首次下降,下降程度达22.9%。大批的投资者弃他而去,带走公司近一半的资产,约193亿美元。

1987年第二次失败

1987年9月，索罗斯把几十亿美元的投资从东京转移到华尔街。

1987年10月19日，美国纽约道琼斯平均指数狂跌，创当时历史记录。

据报载，索罗斯在这场华尔街大崩盘中，损失了大约6.5亿~8亿美元。这场大崩盘使量子基金净资产下跌26.2%，远大于17%的美国股市的跌幅，索罗斯成了这场灾难的最大失败者。

小知识：汇率、多头交易和空头交易

汇率，亦称"外汇行市或汇价"。当一国货币兑换另一国货币的比率，是以一种货币表示另一种货币的价格。由于世界各国货币的名称不同、币值不一，所以一国货币对其他国家的货币要规定一个兑换率，即汇率。汇率是国际贸易中最重要的调节杠杆；因为一个国家生产的商品都是按本国货币计算成本，要拿到国际市场上竞争，其商品成本一定会与汇率相关。汇率的高低将直接影响该商品在国际市场上的成本和价格，也直接影响商品的国际竞争力。

空头交易和多头交易是金融市场的术语。空头是投资者和股票商认为现时股价虽然较高，但不看好股市前景，预计股价将会下跌，于是把借来的股票及时卖出，待股价跌至某一价位时再买进，以获取差额收益。采用这种先卖出后买进、从中赚取差价的交易方式称为空头。多头是指投资者看好股市，预计股价将会看涨，于是趁低价时买进股票，待股票上涨至某一价位时再卖出，以获取差额收益。

11 欧美篇 投资大师

杰西·李佛摩尔："华尔街巨熊"

你能赢一场赛马，但不能赢得所有的赛马。你能在一支股票上赚到钱，但不会在任何时候都能从华尔街上赚到钱——任何人都不能。

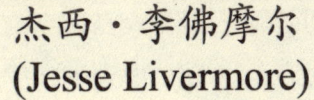

档案资料

杰西·李佛摩尔
(Jesse Livermore)
生　　于：1877年7月26日
逝　　于：1940年11月28日
国　　籍：美国
出 生 地：美国麻塞诸塞州
著　　作：《股票作手回忆录》

导读

杰西·李佛摩尔是美国20世纪早期最有影响力的一位股票作手，其大起大落的一生，以及他在股票和期货市场上几次获得又失去的巨大财富，使他的故事充满传奇色彩。

一、大师人生

杰西·李佛摩尔1877年出生于麻塞诸塞州，是一个农场主人的儿子。杰西很早的时候就辍学到波士顿一家公司工作。他所做的工作就是把股票、债券和商品的价格写到一个大黑板上。有一天，他发现价格变动通常是可以预知的。于是，他认为自己找到了发财之道，开始进入"投资"这行。

由于资金有限，杰西只能进行一些小的投机。尽管如此，到15岁的时候，他也已经积累了1000美元——在当时这已经不是一个小数目了——连他的母亲也不敢相信儿子能"变出"这么多钱。

由于沉迷于股票交易，杰西很快被公司扫地出门，于是他成了名符其实的职业股票投机商；但不幸的是，他的成功，竟让他被禁止在波士顿从事股票交易。

出于无奈，杰西只好辗转于美国中西部和东海岸，并尽量使用化名以躲过交易商们对他的"封杀"。20岁时，杰西赚了5万美元后，来到了纽约。

"小道消息"曾差点毁了这位交易天才。杰西在纽约正式开始职业生涯后，他在1906年获得一些有关联合太平洋公司的小道消息，于是巨额做空该公司的股票。然而，联合太平洋的股价不跌反涨，杰西因此陷入困境。不过，旧金山大地震最终救了杰西一命，联合太平洋股价暴跌，杰西起死回生，并最终在这笔交易中，获利25万美元。

1907年，杰西获得了"熊杀手"的美誉，就连强大的摩根有时也不得不派中间人请求杰西手下留情。

江恩在其《华尔街45年》一书中称杰西为"那个时代最杰出的证券投机商"。他认为，杰西信誉卓绝，即使他刚从破产法庭释放，人们也不会怀疑他的偿债能力。杰西曾多次陷入困境，不过人们依旧支持他，助他再次崛起，因为人们相信杰西的信誉与能力。

在杰西事业的巅峰时期，他在数个国家拥有房产，还有劳斯莱斯轿车、游艇，甚至时常举行奢侈的社交聚会。杰西拥有多处宽敞明亮、设施先进的办公室，同时他还雇用专门的研究队伍。

不过与他在华尔街获得成功同样出名的是，杰西的弱点也人人皆知，那就是他只知道研究如何赚取利润，而忽视研究如何保住利润。杰西贪婪地追逐利润，一旦获取巨额利润就忘形。他常常忽视市场的基本规律，而要求市场按照他自己设计的轨迹运转。

杰西一直生活在这样的成功与破产的交替中，不过他的第三次破产令人感到有些"冤枉"。第一次世界大战期间，杰西成功预测咖啡价格将会大涨，尽管获利不菲，但却被政府以发国难财为由判为无效，顷刻间，400万美元得而复失。于是，杰西经历了其职业生涯之中的第三次破产。

杰西·李佛摩尔在1940年出版了《如何进行股票交易》一书，但公众对这本书并不感兴趣。同年，杰西在曼哈顿一家饭店大醉之后，给他的第三任妻子写了一封8页的信，在信中，杰西承认"我的生活是失败的"，然后，杰西在饭店的洗手间自杀身亡。他身后留下的财产不足1万美元。

《纽约时报》引用杰西的墓志铭作为对这位股市传奇人物的评价："他的去世为一个时代画上句号；他的功过任由后人评说。"

> **金玉良言**
> 记住，驱动股市的不是理智、逻辑或纯经济因素；驱动股市的是从来不会改变的人的本性。它不会改变，因为它是我们的本性。

杰西的人生

价格变动通常是可以预知

股票、债券和商品的价格写到一个大黑板上。他发现价格变动通常是可以预知的。于是，他认为自己找到发财之道。

辗转于美国中西部和东海岸，20岁时，杰西赚了5万美元后，来到了纽约。

二、股票如人

杰西的投资方式很特别，他喜欢把股票想象得和人一样，有自己的特点和个性。他认为有的股票敏感且易激动、紧张、易受惊吓；另一些股票则直接了当、坦率、符合逻辑。一个熟练的交易者应该了解并尊重这些具有个性的证券。在不同的条件下，它们的表现是可以预测的。市场有时非常呆板，但绝不是停留在一个价位上，它们不是稍微上升点，就是稍微下降点。

在一只股票进入一种明显的趋势之后，它将一直沿着贯穿其整个趋势的特定路线而自动运行。在这个趋势开始的时候，由于价格逐渐上涨，投资者会注意到头几天的成交量大幅度地增长。随后，"正常下跌"的现象将会出现。在下跌过程中，成交量远远少于前几天的上涨时期。这种小规模的下跌是正常的，大家不要害怕这种正常的波动。

在一两天后，活跃态势会重新开始，成交量将有所增加。如果这是一个真正的趋势，那么在短时间内，自然的、正常的下跌将重新出现，这只股票可以在创新高时卖出。这一趋势应该在几天之内一直保持强劲走势，只是有几次小规模的短期下跌。

股票迟早会达到某一点，在这个点上，它应该开始另一次正常下跌了。在这个正常下跌出现时，它应该回到和第一次下跌相同的水准，因为那是一条正常的路线，任何处在一种明显趋势当中的股票都是这样表现的。在这一趋势的第一部分，前一个高点到下一个高点之间的差距不是很大。但随着时间的推移，投资者会注意到它将更快地向上拓展更大的间距。

在这一趋势的发展过程中，突然发生了"不正常"的下跌——杰西用"不正常的"这个词，是指在"一天"内，从同一天所出现的极高价位下跌了6个点或更多——过去还没有出现过这种情况，而且从股市本身来看，一些事情不正常地发生了，这就是市场正在向你发出绝对不能忽视的危险信号。

因此，在股票自然上升的整个过程中，投资者必须拥有足够的耐心，持股不动。现在，要有勇气和敏锐的感觉接受危险信号的警告——卖出这只股票。杰西再三告诫投资者要不断地关注这些危险信号，只有这样，投资者才能获得巨大的利润。

杰西认为，在趋势大幅度波动的时候，绝大多数人几乎不可避免地总是按照错误的方向进行交易。那些每天只从小幅变动中获利的投资者，永远不可能利用市场所发生的重大变化获利；但这些错误是可以纠正的，办法就是坚持记录股票价格的运动，研究这些运动是如何出现的，并审慎地考虑时间因素。

在杰西眼里，对于投资者来说，一厢情愿的想法就是投资的最大敌人。一只股票在经过一次猛烈上扬之后开始下跌，它当然会在某个水准上回升。但投资者为什么会相信它正好是在投资者想要它回升的时候就回升呢？问题是，它就是不回升，或者即使回升了，那些犹豫不决的投资者可能也不会善用这个机会。

人性往往如此，太专注于害怕失去机会，就会忽略或不清楚自己需要的是什么。在股票投资中，一个害怕失去机会的人，就真的会错失机会。在一只股票自然上升的过程中，投资者只要保持足够的耐心，就能获得巨大利润。

金玉良言

在华尔街或在股票投机中，没有什么新的东西。过去发生的事情，将来会一而再、再而三地发生，这是因为人的本性不会改变，正是以人的本性为基础的情绪使人变得愚蠢。我相信这一点。

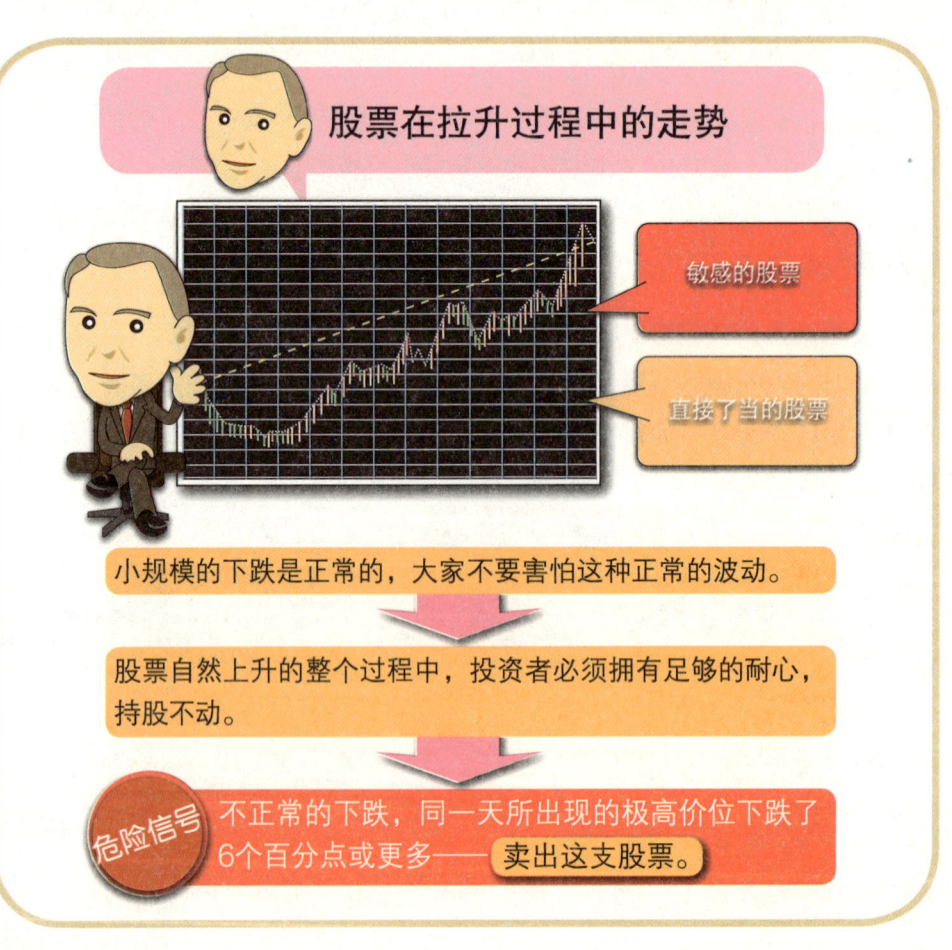

股票在拉升过程中的走势

敏感的股票

直接了当的股票

小规模的下跌是正常的，大家不要害怕这种正常的波动。

股票自然上升的整个过程中，投资者必须拥有足够的耐心，持股不动。

危险信号 不正常的下跌，同一天所出现的极高价位下跌了6个百分点或更多——卖出这支股票。

三、杰西的交易策略

人们直到今天，仍在使用杰西这位隐逸天才所用的、富有革命性的交易策略。杰西的交易策略是在自己多年的股票交易经历中逐步形成的，其中最重要的一些策略，总结概述如下：

1.赚大钱不是靠股价起伏，而是靠主要波动；也就是说不靠解盘，而靠评估整个市场和市场趋势。能够同时判断正确又坚持不动的人很罕见，杰西发现这是最难学习的一件事情，但是股票作手只有确实了解这一点之后，他才能够赚大钱。

2.以研究大盘趋势为基础，这是杰西的交易系统精华。一定要等到大盘上涨时，才开始买进，或者在大盘下跌时，才开始放空。他说世界上最强、最真实的朋友，就是大盘趋势。当市场犹疑不决或是上下震荡的时候，杰西总是待在场外。杰西不遗余力地一再重复这些原则：一厢情愿的想法必须彻底消除；假如你不放过每一个交易日，天天投机，你就不可能成功；每年仅有寥寥可数的几次机会，可能只有四五次，只有这些时机，才可以允许自己下场；在上述时机之外的空档里，你应该让市场逐步酝酿下一场大幅变动。

3.操作时一定要追随领头羊，其他股票何去何从用不着考虑。你关注的重点应该是那些领头行业和强势行业中的领头羊股票。领头羊股票的一个重要特征是突破压力带、率先创造新的最高价格。要保持思想的灵活性，记住，今天的领头羊也许不是两年之后的领头羊，正如妇女的衣服、帽子、人造珠宝等时尚产品总是随着时间的推移而变化，股票市场也不断抛弃过去的领头羊，新领头羊取代了旧领头羊的位置。以前牛市中的领头羊股票很难成为新的牛市中的领头羊股票，这是很有道理的，因为经济和商业情况的变化将产生更大预期利润的新的交易机会。

4.坚决执行停损规则。杰西说，确保投机事业持续下去的唯一抉择是，小心守护自己的资本账户，绝不允许亏损大到足以威胁未来操作的程度，这正呼应了"留得青山在，不怕没柴烧"这句话。杰西坚决止损，把自己的首次损失控制在10%以内。

5.坚决执行向上的"金字塔"买入原则。他认为，股票永远不会太高，高到让你不能开始买进，也不会低到不能开始卖出；但是在第一笔交易后，除非出现利润，否则别做第二笔。杰西说，如果你的头笔交易已经处于亏损状态，就绝不要继续跟进，绝不要往下摊平亏损，一定要把这个想法深深地刻在你的脑子里。只有当股价不断上涨的情况下，才继续购买更多股份；如果是向下放空，只有股价符合预计向下走时，才一路加码。杰西喜欢做空那些价格创新低的股票。

6.避免购买低价的股票。大笔的利润是在大的价格起伏中获得的，它通常不会来自低价的股票。

> **金玉良言**
> 投机者必须控制的最大问题就是他的情绪，情绪控制是市场中最重要的因素。

杰西的交易策略

1. 赚大钱要靠评估整个市场和市场趋势。
2. 杰西的交易系统的精华，是以研究大盘趋势为基础。
3. 操作时一定要追随领头羊，其他股票何去何从，用不着考虑。
4. 坚决执行停损规则。
5. 坚决执行向上的金字塔买入原则。
6. 避免购买那些低价的股票。

12 欧美篇 投资大师

吉姆·罗杰斯：做自己熟悉的事

我的忠告就是绝不赔钱，做自己熟悉的事，等到发现大好机会才投钱下去。

档案资料

吉姆·罗杰斯 (Jim Rogers)

生　　于：1942年
国　　籍：美国
出 生 地：美国阿拉巴马州
毕业院校：耶鲁大学、牛津大学
最高学历：硕士
公　　司：量子基金、哥伦比亚大学
职　　业：投资家、金融学教授
著　　作：《全球投资漫谈》《资本家的冒险》等

导读

吉姆·罗杰斯是现代华尔街的风云人物，1942年生于美国南部乡村阿拉巴马州，5岁开始赚钱、6岁摆摊、26岁拥600美元闯荡华尔街、37岁携1400万美元退休。从最初分不清股票和债券到成为点石成金的华尔街传奇；从在一家券商做暑期见习师到与索罗斯共创量子基金；从加盟合伙投资到独自创立"罗杰斯国际商品指数"，曾三次横越中国、两度开车环游世界，还创下金式世界纪录。这位以准确预测大势并大量做空著称的投资骑士，以其丰富的经历，展示了超人的敏锐洞察力和投资天赋，被称作"投资天才"。

一、大师人生

吉姆·罗杰斯，生于1942年的阿拉巴马州。他是五个兄弟中的老大，有很好的家教。1964年罗杰斯毕业于耶鲁大学。1964年～1966年，罗杰斯就读于牛津大学。

21岁时，罗杰斯开始接触投资，之后进入华尔街工作，与索罗斯共创全球闻名的量子基金，20世纪70年代，该基金成长超过4000％，同期间标准普尔500股价指数才成长不到50％。

罗杰斯认为投资者最重要的事情就是发展独立思考的能力。在1970～1980年的10年里，量子基金的复合收益高达37％，超过同期巴菲特的29％和彼得·林奇的30％。

1980年，37岁的罗杰斯与索罗斯分道扬镳，他决定要以自己的方式投资，并开始了他让人目眩神迷的独立投资人生涯。从葡萄牙、奥地利、德国到新加坡、巴西，罗杰斯将"把赌注压在国家上"的投资风格实现得淋漓尽致。从1990年3月份开始，罗杰斯的第一次"环球投资旅行"被收入金氏世界纪录；而从1999年1月1日起，他又历时3年，开始了第二次"环球投资之旅"，穿越116个国家，行程24万公里。

罗杰斯以他独到的眼光，洞察所到之处的投资机会，例如，在非洲的博茨瓦纳，他惊奇地发现城里到处是高级轿车、货币可以自由兑换、国家有3年的外汇存底、政府预算和外贸都是顺差，而股票市场只有7名职员和7支股票，股价很低，还有现金红利。罗杰斯当即购买了全部股票，并告诉经纪人买下以后上市的每一支股票。结果，2002年博茨瓦纳被《商业周刊》评为10年来发展最快的国家，他也从中大赚一笔。

在1984年，外界极少关注、极少了解的奥地利股市暴跌到1961年的一半时，罗杰斯亲往奥地利实地考察。经过仔细的调查研究后，罗杰斯大量购买奥地利企业的股票、债券。第二年，奥地利股市起死回生，股市指数暴涨145%，罗杰斯因此被称为"奥地利股市之父"。

1999年，罗杰斯在环球投资旅行时，曾在上海证券交易所开户，并对B股市场有过一番高论："B股指数已从高峰下跌85%，考虑到中国的惊人潜力，投资价值之大不言而喻。如果政府有鼓励投资B股的政策出现，B股将大涨。"此后，事情的发展验证了他的判断。至今B股指数已至少是当时指数的7倍。

罗杰斯成功的关键在于其新奇的投资方法。他的投资是以整个国家为投资目标。他透过调查、旅行，依靠渊博的历史、政治、哲学及经济学知识，对不同国家进行分析，判断出所要投资国家及股票行业的风险和机会。如果他确定一个国家有前途时，他就会投资这个国家。

罗杰斯说："我是一个极度的孤独者、特立独行者、厌世者。"他渴望通过旅行去了解这个世界，真实地弄清脚下的这个星球及他的投资目标。

> **金玉良言**
>
> 我并不觉得自己聪明，但我确实非常、非常、非常勤奋地工作。如果你能非常努力地工作，也很热爱自己的工作，就有成功的可能。

罗杰斯环球投资

罗杰斯的投资方式，从葡萄牙、奥地利、德国到新加坡、巴西，罗杰斯"把赌注压在国家上"。

从1990年3月份开始，罗杰斯的第一次"环球投资旅行"被收入金氏世界纪录；而从1999年1月1日起，他又历时3年，开始第二次"环球投资之旅"，并穿越116个国家，行程24万公里。

二、经典之作

1984年，罗杰斯凭着对奥地利市场的独立分析，在奥地利的投资，成了一次惊人之举。他抱定信念，认为在维也纳投资股票的大好时机来了。当时奥地利的股票市场非常不景气，几乎只是23年前，也就是1961年的一半水准。当时许多欧洲国家都通过刺激投资来激励它们的资本市场。罗杰斯认为奥地利政府也正在准备这样做。他相信欧洲的金融家们正在密切注视奥地利的情况。

为了了解维也纳的情况，他到奥地利的最大银行的纽约分处，向那里的经理打听如何才能投资奥地利的股票。他们的回答是"我们没有股票市场"。作为奥地利最大的银行，竟然没有人知道他们国家有一个股票市场，更不知道该如何在他们国家的股市上购买股票，实在令人匪夷所思。

1984年5月，罗杰斯亲自去了奥地利，并在维也纳进行一番调查。在财政部，他向人询问有没有政治派别或其他的利益集团反对开放股票市场和鼓励外国投资，当得到的答案是没有时，他觉得不能错过时机。罗杰斯没有在奥地利的交易市场里看到半个人，那里一片死寂，一周只开放几个小时。

在信贷银行的总部，他找到交易市场的负责人奥托·布鲁尔。在这个国家的最大银行里，他一个人操纵股票，甚至连秘书都没有。当时的奥地利，只有不到30种股票上市，成员还不到20人；然而在第一次世界大战以前，奥地利的股票交易市场上有4000人，是那时中欧最大的，市场交易额也占龙头地位，和今天的纽约、东京差不多。看到这种情形，罗杰斯觉得自己简直就是个暴发户。

罗杰斯在奥托的带领下，见到了当时主管股票市场的政府官员沃纳·梅尔伯格，他向罗杰斯保证，国家的法律将会有所变动，借以鼓励人们投资股票市场，因为政府已经意识到他们需要一个资本市场。政府的具体做法是：降低红利的税金；也就是说如果投资者将红利投入到股市中，将享受免税待遇，并且政府为福利基金和保险公司在股市中入股进行了特殊规定，这也是以前没有过的。其他已经这样做的国家，都取得了显著的成效。另外，就地理位置而言，奥地利与德国是邻国，假如这里的市场开始启动，德国人会把它炒得火热。所有详细的调查，促使罗杰斯在奥地利投下他的赌注。

在奥地利，只要是当时资产负债表显示状况良好的公司，罗杰斯都有入股：家庭装修公司、金融和产业公司、银行，还有其他建筑公司和大的机械公司。几个星期后，罗杰斯在一家报纸上陈述了应该投资奥地利的理由，于是人们从四面八方打电话要求买进奥地利的股票。那一年，奥地利的股票市场上涨了125％，以后上涨得越来越多。

有人说是罗杰斯撼动奥地利这一沉寂的股票市场，唤醒了一位睡美人。到1987年春天，罗杰斯将他在奥地利的股分全部售出时，股市已上涨了400％或500％。罗杰斯曾被称为"奥地利股市之父"。

点石成金：投资大师炼金术

金玉良言：我可以保证，市场永远是错的，必须独立思考、必须抛开羊群心理。

罗杰斯投资奥地利股市

到奥地利的最大银行的纽约分处，回答吉姆·罗杰斯的是"我们没有股票市场"。

罗杰斯亲自去了奥地利，在维也纳进行一番调查，并催生、推动当地股市。

罗杰斯撼动了奥地利这一沉寂的股票市场，罗杰斯曾被称为"奥地利股市之父"。

三、中国情缘

进入21世纪，吉姆·罗杰斯把眼光转向中国。2005年，他就开始买入B股、H股、S股和在纽约上市的中国公司的美国信托凭证。2006年，他继续加购上述各类股票。2008年10～11月，他在上述市场买入更多中国公司股票。

2008年12月，罗杰斯做出一个惊人的决定，他以1600万美元的价格卖掉自己在纽约曼哈顿上西区107街河滨大道的六层别墅，他在这里生活了31个年头，对这栋建于1899～1902年的古宅怀有深厚的感情，如今却毅然决然出手。在多数美国人眼里，这个抛弃美国家园，搬到亚洲的壮举，未免有些不可思议；但这个类似提前清仓的信号，似乎昭示一场更为严重的危机即将到来。

当月，罗杰斯的《中国牛市》一书在美国发售，他毫不讳言：投资中国已时不待我。他说："美联储除了大量印钞票，别的什么也不会做！"在他看来，美国20世纪八、九十年代的牛市盛宴已经到了尽头，现在已是全球最大的债务国，巨额债务还在以每年1万亿美元左右的速度加速成长，经济铁定陷入衰退。

他一直坚持的投资观点是：让你的孩子学习中文，搬到亚洲，投资中国。亚洲有30亿人口，将是全世界最有活力的地区；而中国将在21世纪崛起，它拥有13亿人口的巨大消费市场，已成为世界各国争相得到的超级采购大户；连续多年的高速经济增长、超过35%的储蓄率、中国人的勤奋，都让他有足够的理由看好中国。尽管当前有人担心中国股市的泡沫化，但曲折前行的中国会越来越好。拥有大量外汇存底、负债少，是中国可能率先走出危机的基础。

同时，罗杰斯表示强烈看空美国的金融服务业，已将美元换成了日元、人民币和瑞士法郎，并开始卖掉华尔街银行股，美国房产市场将华尔街拖进了万劫不复的深渊，美元长期贬值势不可挡。他建议大家投资中国的同时，要关注大宗商品期货。

对于初涉股市的投资者，罗杰斯并不支持他们学经济，他说："学习历史和哲学吧！学什么都比进商学院好；当服务员、去远东旅行。"罗杰斯在哥伦比亚经济学院教书时，总是对所有的学生说：不应该来读经济学院，这是浪费时间，因为算上机会成本，读书期间要花掉大约10万美元，这笔钱与其用来上学，还不如用来投资做生意，虽然可能赚也可能赔，但无论赚赔都比坐在教室里两三年，听那些从来没有做过生意的"资深教授"大放厥词地空谈要学到的东西多。

金玉良言　投资的法则之一是袖手不管，除非真有重大事情发生。大部分的投资人总喜欢进进出出，找些事情做。他们可能会说："看看我有多高明，又赚了3倍。"然后，他们又去做别的事情，他们就是没有办法坐下来等待形势的自然发展。

罗杰斯判断一个国家是否值得投资的5个标准

1. 该国鼓励投资，并且该国市场开放、贸易繁荣。
2. 该国货币可以自由兑换，出入境很方便。
3. 市场是自由的，本国货币具备合理的价值。
4. 该国的经济、政治状况要比人们预想的好。
5. 股票便宜。

小知识：什么是A股、B股、H股、S股、N股

中国上市公司的股票有A股、B股、H股、N股和S股的区分。这一区分主要依据股票的上市地点和所面对的投资者而定。

A股的正式名称是人民币普通股票，它是由中国国境内的公司发行，供境内机构、组织或个人（不含台、港、澳投资者）以人民币认购和交易的普通股股票。B股的正式名称是人民币特种股票，它是以人民币标明面值，以外币认购和买卖，在境内（上海、深圳）证券交易所上市交易的。它的投资人限于：外国的自然人、法人和其他组织，香港、澳门、台湾的自然人、法人和其他组织，定居在国外的中国公民，中国证监会规定的其他投资人。H股，即注册地在内地、上市地在香港的外资股。香港的英文是Hong Kong，取其字首，在港上市外资股就叫做H股。依此类推，纽约的第一个英文字母是N，新加坡的第一个英文字母是S，纽约和新加坡上市的股票就分别叫做N股和S股。

13 欧美篇 投资大师

安德烈·科斯托兰尼：刺激国家神经的大投资家

> 首先要考虑的是市场总体行情，然后才是选择股票。

档案资料

安德烈·科斯托兰尼
(Andre Kostolany)

生　　于：1906年
逝　　于：1999年9月14日
国　　籍：德国
出 生 地：匈牙利
著　　作：《这就是股市》《一个投机者的告白》等

导读

安德烈·科斯托兰尼是德国著名的投资大师,洞察金融商品和证券市场的一切,被誉为"20世纪股市见证人""20世纪金融史上最成功的投资者之一"。他在德国投资界的地位,就像沃伦·巴菲特在美国一样。他的理论被视为权威,德国的投资人、专家、媒体记者经常询问他对股市的意见。安德烈·科斯托兰尼是广受读者喜爱的畅销书作家。他的《这就是股市》一书被翻译成七国语言,还被拍成了电影,使他跻身畅销书作家之列;《证券心理学》一书,更是成了德国大学经济系学生的必读书籍之一。

一、大师人生

安德烈·科斯托兰尼1906年出生于匈牙利一个犹太人家庭,父亲是一名议员。13岁时,他在周围环境的熏陶下,进行多种欧洲货币的套利交易,初次尝到投机交易的好处。科斯托兰尼第一次外汇投资的利润就达到了10%,更重要的是,此次上瘾之后,他便一发不可收拾,将投机事业贯穿到整个人生当中。

1924年他18岁时,科斯托兰尼被父亲送到巴黎去学习股票经营。这位未来的证券教父、自傲的世界级投机者正是在巴黎建立起了人生观、金钱观。他在一开始就学会了放空投机,并立志成为百万富翁。随着他的放空手法越来越纯熟,他在巴黎累积了惊人的财富,同时也在市场中累积了名声。

科斯托兰尼的投资嗅觉极其敏锐。第二次世界大战前,他在希特勒逼近巴黎前就变卖家产逃往美国,所有家眷也在他的安排下陆续逃过一劫。在美国的日子里,科斯托兰尼发挥了他独到的国际眼光,在远离战场的美国玩起了"环球旅游型"套利投资工作。他利用不同价差、时间差、币值差,在各种金融产品之间转换买卖,又为自己赢得巨额的财富。

科斯托兰尼有其独特的判断能力，对此，科斯托兰尼认为作为投机者，一定要抬起头来看着远方，而不要只是喋喋不休争论明年的经济成长率是否相差一个百分点。

20世纪50年代，科斯托兰尼开始进行大量的创作，他为报纸、杂志撰稿，阐述他最内行的国际政治、经济情势分析，并在60年代出版了《这就是股市》，这本书后来被译成了七国语言，还被拍成电影。

匈牙利创办股票交易所时，科斯托兰尼担任交易所荣誉主席。科斯托兰尼还在德国、奥地利多所大学担任客座教授，成为青年人的导师。他在咖啡馆设立讲座，不断教育青年朋友：在股票市场上成功，不是靠计算，而是思想、用脑子思想。

1994年，科斯托兰尼接受德国电视二台《世纪见证》节目专访，被问及他到底算是哪个国家的人，向来幽默风趣的他给出这样的答案："出生于匈牙利，住在法国，持美国护照，在德国工作；进一步而言，我以多个城市为家：纽约、伦敦、苏黎世、维也纳、威尼斯、日内瓦、科特达祖尔（法国）、慕尼克、巴黎。祈祷时，和仁慈的上帝讲匈牙利语，与年轻同事和朋友讲法语，和学生朋友讲德语，跟银行打交道，嗯，讲英语。"

1999年，在世纪之交，安德烈·科斯托兰尼写下最后的著作《一个投机者的告白》，为自己93年的人生骄傲地下了结语：我是投机人士，始终如一！

金玉良言

如果你所有的亲友只要有杯咖啡就满足了，而你却独自享有更奢侈的鱼子酱或香槟酒，这样并不能带来幸福。

科斯托兰尼的环球人生

20世纪50年代，科斯托兰尼开始进行大量的创作，他为报纸、杂志撰稿，阐述他内行的国际政治、经济情势分析，并在60年代出版了《这就是股市》。

在奥地利多所大学担任客座教授，成为青年人的导师。他在咖啡馆设立讲座，不断教育青年朋友。

1994年，科斯托兰尼接受德国电视二台《世纪见证》节目专访！

二、抓住影响股市的长期因素

股票市场就像每部歌剧、每场交响乐都有一个主旋律一样，也有它的"背景音乐"，它将在很长一段时间内——科斯托兰尼认为是一个世纪——左右股市的走势。投机者通过股市涨跌套利的前提便是先分辨出这个"背景音乐"。

科斯托兰尼认为，股市的"背景音乐"由两个主要因素构成：战争或和平、长期的经济发展趋势。

和平是最重要的。局势越不稳定，投资者就越不敢投资股票，反之亦然。长期的经济发展是使股市发展的重要因素，虽然经济与股市的发展并非齐头并进，但它们的终点却是一样的。以日本而言，自1970年以来的二十余年间，日本股市的涨幅远远超过了实体经济的涨幅。虽然实体经济也在不断发展，但其速度远远落后于股市。1990年，日本股市的涨幅超过实体经济太多了，这时，出现了前所未有的大崩盘，日经指数跌幅在未来二三年时间的跌幅超过了50%。

股市作为经济的领先指标，不可能长时间与经济背离；因此，投资者必须仔细观察和分析一国经济状况。在全球化盛行的今天，还得关注全球经济的运行状况。

科斯托兰尼认为，投机者必须非常敏锐，留心观察经济的波动情况，进而决定自己的下一步行动。抛开战争因素，随着人类社会科技水准的提高，世界经济势必要向前发展，因为人类要追求更高的生活水准；但在这种发展的大趋势之下也会出现局部或暂时的停滞，如果投机者发现了这种停滞或是为将来感到担心之时，就得好好考虑一下是否还有必要进行大规模的股票投资了。

股市的涨跌，长期而言与经济的发展方向是相同的，但其中短期走势则主要是人们的心理因素在起作用。那些手握重金的投资者的心理决定着股市的中短期表现；此外，大众对重大事件的反应也会影响股市的中短期运行轨迹，而非重大事件本身。

根据科斯托兰尼的经验，股市的每一次大涨大跌，都可以分为三个阶段，即修正阶段、调整或相随阶段、过热阶段。

在修正阶段，成交清淡，投资者持股稀少，多数人都处于观察阶段；在相随阶段，成交量慢慢放大，少量先知先觉的投资者开始进场交易；在过热阶段，成交异常活跃，后进者开始大量买入，而先知先觉者已开始获利并逐渐离场。

"对于趋势，人们不能总跟在它后面跑，必须先于趋势之前做出正确决策。"科斯托兰尼这样说道。

金玉良言

有一个男子带着狗在街上散步，这狗先跑到前面，再回到主人身边。接着，又跑到前面，看到自己跑得太远，又折回来。整个过程，狗就这样反反复复。最后，他俩同时抵达终点，男子悠闲地走了一公里，而狗走了四公里。男子就是经济，狗则是证券市场。

经济与股市——男子与狗

路程1公里×4趟＝4公里

路程1公里×1趟＝1公里

男子就是经济，狗则是证券市场。

三、科斯托兰尼的投资哲学

● **科斯托兰尼对于长期走势的观点**

科斯托兰尼认为股市长期将继续成长，因为经济将长期发展。

科斯托兰尼有一个最著名的投资建议，就是要投资者到药店买安眠药吃，然后买下各种绩优股，睡上几年，再从睡梦中醒来，最后必将惊喜连连。

科斯托兰尼是公认的大投机家，但这个建议也反应了他关于"投资"的观点。他认为基本面是左右股市长期表现的关键；因此长期持有基本面持续看好的绩优股是非常好的投资方法。

● **科斯托兰尼对于中期走势的观点**

科斯托兰尼认为基本面是左右股市长期表现的关键，而股市中、短期的涨跌有90%是受心理因素影响。

股市中期走势的基本公式：趋势＝资金＋心理。

科斯托兰尼认为股市中期的影响因素包括两个组成部分：资金和心理。他的信条是：资金＋心理作用＝发展趋势。资金是指可以随时投入股市的流动资金。科斯托兰尼的结论：如果大大小小的投资者愿意购买，也有购买能力，那么股市就全面攀升。他们愿意购买是因为他们对金融的经济情况的评价是乐观的；他们能够购买，是因为他们的皮包或银行存折里有多余资金。这就是股市行情上升的所有秘诀，即便此时所有的基本事实以及有关经济形势的报道都认为股市会下跌。

● **科斯托兰尼对于大盘走势的观点**

与其他投资者不同的是，科斯托兰尼特别看重大盘运行趋势。科斯托兰尼认为，如果大盘行情看涨，那么即使是最差的股民也能赚到一些钱；但如果行情下跌，甚至是最棒的人也不能获利；所以首要考虑普遍行情，然后才选择股票。只有那些投资股票至少20年以上的投资者，才可以不考虑普遍的行情。

科斯托兰尼认为不能根据图表行情进行交易，他认为，从长期来看，图表分析只有一个规则：人们能赢，但肯定会输。不过，科斯托兰尼认为有两个图表规则是非常有趣的，即连升连降理论和W、M规则。他认为连升连降理论和W、M规则是投机商凭经验能看出的征兆中最有意义的。科斯托兰尼所讲的连升连降理论和W、M规则其实反映了技术分析的精髓：顺势而为。

金玉良言

我年轻学开车的时候，驾驶教练告诉我，再怎么学，我也开不好车。我因此感到很疑惑。接着教练解释说，因为我的眼光总是在引擎盖上，而我应该做的是抬起头看着300米的远处。

驾车与长期投资

眼光要看着300米的远处！

难怪一直开不好！

科斯托兰尼投资十律与十戒

十 律	十 戒
有主见，三思后再决定是否应该买进，如果是，在哪里？什么行业？哪个国家？	不要跟着建议跑，不要想能听到秘密信息。
要有足够的资金，以免遭受压力。	不要相信卖主知道他们为什么要卖，或买主知道自己为什么要买，也就是说，不要相信他们比自己知道的多。
要有耐心，因为任何事情都不可预期，发展方向都和大家想象的不同。	不要想把赔掉的再赚回来。
如果相信自己的判断，便必须坚定不移。	不要考虑过去的指数。
要灵活，并时刻思考到想法中可能的错误。	不要躺在有价证券上睡大觉，不要因为期望达到更佳的指数，而忘掉他们，也就是说，不要不做决定。
如果看到出现新的局面，应该卖出。	不要不断观察变化细微的指数，不要对任何风吹草动做出反应。
不时察看购买的股票清单，并检查现在还可买进哪些股票。	不要在刚刚赚钱或赔钱时做最后结论。
只有看到远大的发展前景时，才可买进。	不要只想获利就卖掉股票。
考虑所有风险，甚至是不可能出现的风险，也就是说，要时刻想到意想不到的因素。	不要在情绪上受政治好恶的影响。
即使自己是对的，也要保持谦逊。	获利时，不要过分自负。

小知识：货币套利交易

货币套利交易即外汇套利交易，就是通过买卖各国货币以达到盈利的目的。与其他金融市场不同，外汇市场没有具体地点，也没有中央交易所，而是通过银行、企业和个人间的电子网络进行交易。

14 欧美篇 投资大师

伯纳德·巴鲁克：斩断亏损，让利润奔跑

> 首先要考虑的是市场总体行情，然后才是选择股票。

档案资料

伯纳德·巴鲁克
(Bernard Baruch)

生　　于：1870年
逝　　于：1965年
国　　籍：美国
出 生 地：美国南卡罗莱纳州
毕业院校：纽约市立学院
著　　作：《我自己的故事》

导读

巴鲁克既是白手起家的成功典范,又是善于把握先机的股票交易商;既是手段灵活的投资商,也是通晓经济发展的政治家。人们对他冠以投机大师、独狼、总统顾问、公园长椅政治家等称号;然而人们更愿意称他为"在股市大崩盘前抛出的人"。巴鲁克注意投资机会,巴鲁克的投资方法更加灵活多变,他提倡坚决停损。他叮嘱投资者要有两手准备,以便随时转身离场。

一、大师人生

巴鲁克1870年生于美国南卡罗莱纳州,纽约市立学院毕业,早年他在纽约的一家小经纪行中打杂,收入很低。经过不断努力,他被迅速提升为公司的合伙人,随后他倾其所有,在纽约证券交易所购得一个席位,不出30岁便成了百万富翁。此后的几年里,巴鲁克几度濒临破产,可是又一次次地东山再起,到了1910年,就已经和摩根等人一同成为华尔街屈指可数的大亨。

1897年,年轻的巴鲁克创造了他人生的第一个奇迹。那年春天,在华尔街,美国制糖公司的股票开始暴跌,陷入悲观情绪的人们开始疯狂抛售。这主要是因为当时参议院正在讨论一项降低外国糖进口关税的提案。参议院的一举一动牵动着股市的涨跌。

但巴鲁克坚信参议院并不会通过这项提案,他认为西方的甜菜农夫们和华尔街一样希望通过关税保护来获得更大的利润。于是,他用300美元为定金,购入了3000美元股票。后来,果如巴鲁克所料,参议院否决了这项提案,美国制糖公司的股票连续暴涨。仅仅300美元,就让他赚了60000美元。

巴鲁克不会放过每一次投资机会。1898年,巴鲁克28岁,那年的一个星期天晚上,他在旅途中无意听说西班牙舰队在圣地牙哥被美国海军歼灭,这意味着美西战争即将结束。

巴鲁克立刻意识到若能在翌日黎明前赶回办公室,从伦敦市场购入股票，第二天再在纽约市场抛出，准能大发一笔；但苦于当时的班车在夜间不运行，他便急中生智，赶到火车站租下一列专车，连夜疾驰，终于在黎明前赶到办公室。在其他投资者尚未醒悟时，巴鲁克倾全力果断出击，大大赚了一笔。

最能证明巴鲁克实力的，莫过于他能够在1929年大危机到来前夕顺利脱手，也正由于大危机，巴鲁克对群体的盲动有了更深切的体会。他意识到，作为有独立思考能力的个人，人们通常是明智而富有理性的；但当大家成群结队、情绪相互影响时，就全变成了一群笨蛋，不是在股市上涨时过于兴奋，就是在它下跌时又过于沮丧。由于其特立独行的投资风格，巴鲁克获得了"独狼"的外号。

正当巴鲁克在股票市场上呼风唤雨之际，第一次世界大战使他一步跨入美国政坛。巴鲁克在1916年被威尔逊总统任命为国家防护理事会顾问委员。二战时期，巴鲁克又成了罗斯福的智囊团的重要成员，他提出的一系列经济建议均被罗斯福政府所采纳，成为促进美国经济恢复的重要政策。战后巴鲁克受杜鲁门总统之命参与联合国原子能理事会，在国际事务中发挥相当重要的作用。最后，1965年，巴鲁克以95岁的高龄去世，可谓福寿双全。

金玉良言

1. 犯错势在难免，失误后唯一的选择便是要在最短时间内停损。
2. 不要试图买在底部、卖在顶部。

驾车与长期投资

西班牙舰队在圣地牙哥被美国海军歼灭，这意味着美西战争随即结束。

赶到火车站租下一列专车，连夜疾驰，终于在黎明前赶到办公室。

从伦敦市场购入股票

第二天在纽约市场抛出

二、巴鲁克的投资哲学

　　对于选取投资标的，巴鲁克的告诫是，宁愿投资一家资金匮乏但管理良好的公司，也别去碰一家资金充裕但管理糟糕的公司的股票。因为管理良好的公司可以通过各种方法获得资金，而管理糟糕的公司即便是有再多的钱也会花光。

巴鲁克相当注意对风险的控制。他认为必须经常在手里保留一定的现金；建议投资者每隔一段时间必须重新评估自己的投资，看一看情况变化后，股价是否还能达到原来的预期。他又提醒投资者要学会停损：犯错势在难免，失误后唯一的选择便是要在最短时间内停损。

巴鲁克对所谓的超额报酬并不以为然，他告诫投资者不要试图买在底部、卖在顶部。他说："谁要是说自己总能够买底卖顶，那准是在撒谎。"他也提醒投资者要谨防所谓内幕消息或者道听涂说，投资的错误往往由此而铸成；因此也有人为巴鲁克叫屈，认为他之所以被称作"投机大师"的原因之一，是其貌似孤注一掷的风格。

"群众永远是错的"是巴鲁克投资哲学的第一要义。他很多关于投资的深刻认识都是从这一基本原理衍生而来的，比如，巴鲁克主张一个非常简单的标准，来鉴别何时算是应该买入的低价和该卖出的高位：当人们都为股市欢呼时，你就得果断卖出，别管它还会不会继续涨；当股票便宜到没人想要的时候，你应该敢于买进，不要管它是否还会再下跌。人们常常对于巴鲁克的判断力，及能把握稍纵即逝的机会感到佩服不已。

股票市场的任何所谓"真实情况"无不是通过人们的情绪波动来间接地传达；在任何短时期里，股票价格上升或者下降主要都不是因为客观的、非人为的经济力量或形势和局面的改变，而是因为人们对发生的事情所做出的反应；所以他提醒大家，判断力的基础是了解，假如你了解了所有的事实，你的判断就是对的；反之，你的判断就是错的。

在对大众的心理认识方面，巴菲特和巴鲁克如出一辙。巴菲特不也常说在大众贪婪时，你要缩手；在大众恐惧时，你要进取吗？除此之外，二位大师在投资理念上还有许多相似之处。

巴鲁克的投资方法灵活多变，他提倡坚决停损。他说投资者如果有停损的意识，即使每十次只做对三四次，也会成为富翁。他叮嘱投资者要有两手准备，以便随时转身离场。

欧美篇・投资大师 / 伯纳德・巴鲁克

金玉良言

1. 最好有经营的特许优势，这样可以减低竞争，其产品或服务的出路比较有保证。
2. 谁要是说自己总能够买底卖顶，那准是在撒谎。

股票的短期走势受人们情绪波动的影响

中长期走势却主要受基本面的影响

巴鲁克的十大投资守则

1 除非你能将炒股当成全职工作，否则别冒险。

2 对任何给你"内幕消息"的人士，无论是理发师、美容师还是餐馆侍者，都要小心。

3 在你买股票之前，找出公司的所有资料，它的管理层、竞争者，它的盈利及成长的可能性。

4 别试着在最低点买股、最高点卖股，这是不可能的，除非你撒谎。

5 学习快速干净地停损。别希望自己每次都正确。如果犯了错，越快停损越好。

6 别买太多股票，最好只买几只股票，以保证你能够仔细地观察它们。

7 定期有计划地检查你的投资，看看有什么新的发展可能改变你的想法。

8 研究税务情况，在卖股时争取最大的税务效益。

9 永远持有一部分现金，不要将钱全部投入股市。

10 不要尝试成为万事通，专心于你了解最多的行业。

小知识 停损标准

鳄鱼法则

关于停损的重要性，专业人士常用鳄鱼法则来说明。鳄鱼法则的原意是：假定一只鳄鱼咬住你的脚，如果你用手试图挣脱你的脚，鳄鱼便会同时咬住你的脚与手。你愈挣扎，就被咬住得越多。所以，万一鳄鱼咬住你的脚，你唯一的机会就是牺牲一只脚。在股市里，鳄鱼法则就是：当你发现自己的交易背离了市场方向，必须立即停损，不得有任何延误，不得存有任何侥幸。鳄鱼吃人听起来太残酷，但股市其实就是一个残酷的地方，每天都有人被它吞没或黯然消失。止损是操盘者必须严格遵守的准则，停损标准很多种，下面简要举例说明。

a.技术指标决定停损

技术指示法设定停损，主要系指标出现卖出讯号，即先行出脱，待买进信号出现再买回，最常用的停损技术指标有：

1.跌破平均线：多头排列时，各均线依序排列，如果走势转弱，通常以跌破十日线为设定停损，较敏感则以六日均线跌破为准。

2.平均值反转向下：量比价先行，量能持续萎缩表示跌势未止，量缩价跌的盘仍处于跌势中，平均值朝下是必要的认赔卖出指标。

b.个股与指数比较决定停损，涨势中，自然无所谓停损的问题；但跌势中如果个股走势弱于大盘指数，应该做停损考虑，通常停损的标准都是先以大盘为准，再做个股的考虑，也就是所有弱于大盘走势的个股，在跌势中应优先设定停损。

c.持投的买价是成本，买者一定认为会涨才会买进，但若市价不涨反跌，则投资人应以眼前事实为准，而不宜心存幻想不肯杀出，通常成本较当时市价跌幅在一成左右，即为必要认赔了结点，以买进成本和当时市场价的价差作为停损参考，此种方式既简易又科学，颇值得利用。

15 欧美篇 投资大师

威廉·江恩：技术分析大师

永远记住是你自己的过错，而不是市场的行为，或市场操纵者的行为导致你的顺势；因此你要努力遵守规则，竭力避免注定使你失败的投资。

档案资料

威廉·江恩
(William Delbert Gann)

生　　于：1878年6月6日
逝　　于：1955年6月14日
国　　籍：美国
出 生 地：美国德克萨斯州
著　　作：《华尔街四十五年》等

导读

威廉·江恩，美国证券、期货业最著名的投资家之一，最具传奇色彩的技术分析大师，20世纪20年代初期的传奇金融预测家，20世纪最伟大的投资家之一，纵横投资市场达45年。

江恩一生中经历了第一次世界大战、1929年的股市大崩盘、30年代的大萧条和第二次世界大战，在这个动荡的年代中赚取了5000多万美元利润，相当于现在的5亿多美元。他不仅是一位成功的投资者，还是一位智者和伟大的哲学家。

一、大师人生

威廉·江恩1878年6月6日出生于美国德克萨斯州的一个爱尔兰家庭。他的父母都是虔诚的基督教徒，江恩自己也是一个虔诚的基督徒，他宣称自己正是在《圣经》之中发现了市场寻循环理论。

江恩的家乡盛产棉花，1902年，江恩24岁，他做了第一次棉花期货合约的买卖，并从中获利，自此之后的53年，他从金融市场共获取5000万美元的利润，以当时的价值计算，等同于现在的5亿多美元。

1903年，在纽约创建自己的经纪公司并从事期货交易。

1906年，江恩开始了自己的经纪及投资事业。他数十年经验的忠告是，投资者进入投资市场如果没有掌握知识，其失败的机会是90%。人的情感、希望、贪婪和恐惧是成功的死敌。

1908年，江恩到纽约开展他的业务及严格测试他的理论和买卖方法。同年，他开发他的主要分析方法"主要时间因素"，令他在华尔街一鸣惊人。

1909年，江恩的交易技巧引起人们的注意，《股票行情和投资文摘》杂志对他进行专访，在受到严格监视的25个交易日里，江恩使本金增值了10倍而声名大噪。

1919年江恩辞去工作，开始了自己的咨询和出版事业，他出版了《供需通信》，这个通信包括股票，也包括了商业资讯，并且提供给读者每年的市场走势预测，这些预测的准确性使江恩变得更具有个人魅力。

1923年，江恩出了自己的第一本书《股票行情的真谛》，之后他陆续又出了十几本书，此外，江恩还举办课程和讲座，虽然收费贵得惊人，但仍然吸引大量听众。

江恩为完善自己的理论，到世界各地旅行，他去过英国、埃及、古巴，甚至印度，他长时间逗留在大英博物馆，查阅一百年来的投资市场资料，并总结出一套以自然规则作为核心的交易方法，在江恩的分析理论中，着重分析价格和时间的周期性关系。

江恩的重要分析方法之一的"江恩正方形"，据说是启发自埃及和印第安寺庙的结构。1932年，他还买了一架银星私人飞机，以便能够在空中查看农作物的收成情况。

1950年，江恩因健康原因将生意卖给他的合伙人，自己则搬到迈阿密居住，1954年，江恩被发现患有胃癌，于1955年6月14日去世，享年77岁。

金玉良言

记住，跟随所有的规则，检查再检查，研究大小周期以作预测，看紧压力水准，观察市场的顶部及底部形态、顶部到底部的形态，若有任何遗漏，你将陷入错误之中。

江恩买卖守则

1. 将你的资本分为十份，每次入市买卖，损失不会超过资本的十分之一。
2. 设下停损点，减少买卖出错时可能造成的损失。
3. 不可过量买卖。
4. 不让所持股票由盈转亏。
5. 不逆市而为，市场趋势不明显时，宁可在场外观望。
6. 入市时要坚决，犹豫不决时不要入市。
7. 只在活跃的市场买卖，买卖清淡时不宜操作。
8. 避免限价出入市，要在市场中买卖。
9. 可用停损点保障所得利润
10. 在市场中连战皆胜后，可将部分利润提出，以备急时之需。
11. 买股票切忌只望收息。
12. 买卖遭损失时，切忌加码，谋求拉低成本，可能造成积小错而成大错的损失。
13. 不要因为不耐烦而入市，也不要因为不耐烦而清仓。
14. 赔多赚少的买卖不要做。
15. 入市时设下的停损点，不宜胡乱取消。
16. 做多错多，入市要等待机会，不宜买卖过密。
17. 多空自如，不应只做单边。
18. 不要因为价位过低而看多，也不要因为价位过高而看空。
19. 避免在不适当的时候金字塔式加码。
20. 永不对冲。
21. 如无适当理由，避免胡乱更改所持股票的买卖策略。

二、预言家

江恩生活在20世纪早期的世界,当时经济秩序是彻底的混乱。江恩经历了第一世界大战、1929年历史性的股市暴跌、30年代经济恐慌及第二次世界大战。在这些岁月里,投资事业的风险不言而喻。

江恩在刚开始为客户和自己作投资之时,和每名初涉投资的人士一样,同样经历了新手必然遇到的起起落落,他很快便认识到,所有成功的人士——无论是律师、医生还是科学家,在开始赚钱以前,都对自己特定的职业和追求,进行了多年的学习和研究,因此江恩决定花十年的时间研究应用与投资市场的交易法则,并将全部的精力投入到证券投资中。事实证明,江恩的研究取得了重大成果,他首创的一系列股市理论——统称为江恩理论,至今在股市技术领域仍无人能敌。

此外,江恩在市场预见方面有着独到的见解。根据他的追随者所述,江恩的预言准确性达到惊人的85%。江恩声称,他的每个预测是根据数学原则推算。若有充足的资讯,他能根据周期理论、古老数学和几何预测即将到来的事件。在他的头脑,所有事件乃根据数学原则发展出来。令人惊奇的是,他准确地预言1929年世纪股市暴跌的日期。在1928年11月3日出版的《每年展望》中,他明确预言,1929年9月是一个危险的月分。股票价格在黑色星期五时下跌。实际上,道琼斯工业平均指数在1929年9月3日于386.10点见顶。二个月以后,道指滑落到200点以下!熊市给整个西方世界带来了巨大的经济危机,道琼斯指数最终在1932年7月最低位40.56点见底,跌幅高达九成。

从20世纪20年代开始,江恩每年出版《市场展望报告》,这些报告提供了市场未来一整年的股市走势预测。江恩实际上是描述未来整年市场波动的详细逆转时期和价格!他不仅提供市场走势展望,还提供主要社会事件的展望。

在江恩的事业高峰期,他共聘用25人,为他制作各种分析图表及进行各类市场走势研究,并成立两家走势研究公司:江恩科学服务公司及江恩研究公司，出版多种投资通信。在他每年出版的全年走势预测中，他清楚地绘制在什么时间见什么价位的预测走势图，准确性甚高。

经过多年研究，江恩相信股票、期货市场里也存在着宇宙中的自然规则，市场的价格运行趋势不是杂乱的，而是可通过数学方法预测的。

> **金玉良言**
>
> 时间是决定市场走势的最重要因素，经过详细研究及个别的股票的历史记录，你将可以为自己证明，历史确实重复发生，而了解过去，你就可以预测未来。

三、江恩理论

江恩经过十余年的研究，总结并完善预测市场与期货价格走向的规则，发明自己独到的一套股市分析方法，包括江恩历法、江恩几何角、江恩线、江恩修正比率等，统称为江恩理论。

当中运用最为广泛的有江恩线和循环理论，本书鉴于篇幅及读者掌握难易程度之原因，仅作简要介绍，有兴趣的读者，可参阅相关书籍作深入研究。

● **江恩线**

江恩线又称为甘氏线，分上升甘氏线和下降甘氏线两种，江恩线是从一个点出发，依一定的角度，向后画出的多条直线，所以甘氏线又称为角度线。

图中的每条直线都有一定的角度，这些角度的得到都与百分比线中的数字有关。每个角度的正切或余切分别等于百分比数中的某个分数（或者说是百分数）。

甘氏线中的每条直线都有支撑和压力的功能，但这里面最重要的是45度线、63.75度线和26.25度线。这三条直线分别对应百分比线中的50%、62.5%

和37.5%百分比线。其余的角度虽然在价格的波动中也能具有一些支撑和压力作用,但重要性都不大,都很容易被突破。

◆ 具体应用

第一步:确定起始点,被选择的点与大多数的选点方法一样,一定是显著的高点和低点,如果刚被选中的点马上被创新的高点和低点取代,则甘氏线的选择也随之变更。

第二步:确定起始点后,再找角度(即45度线),如果起始点是高点,则应画下降甘氏线;反之,如果起始点是低点,则应画上升甘氏线。这些线将在未来产生支撑和压力作用。

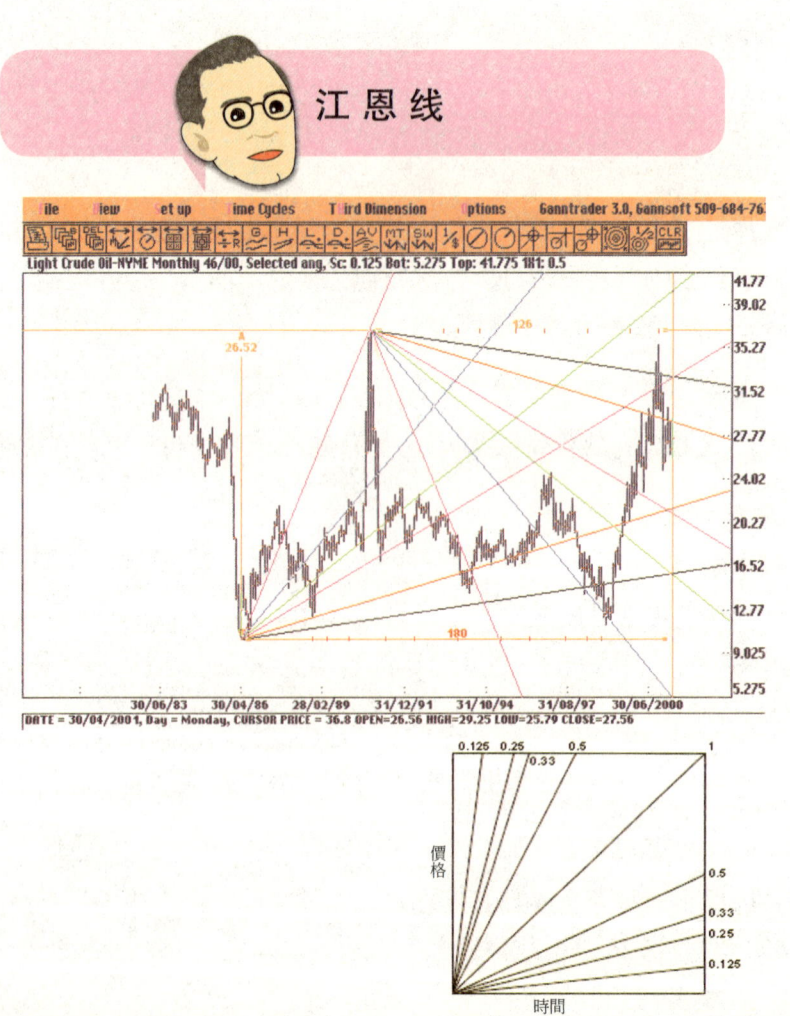

江恩线

● **循环理论**

江恩六边形

江恩的循环理论是对整个江恩思想及其多年投资经验的总结，据说是江恩受《圣经》启发而得出的。

江恩把他的理论以一定规律展开的圆形、正方形和六角形来进行推述。这些图形包括了江恩理论中的时间法则、价格法则、几何角、修正带等概念，图形化地揭示了市场价格的运行规律。

江恩认为较重要的循环周期有：

短期循环：1小时、2小时、4小时……18小时、24小时、3周、7周、13周、15周、3个月、7个月；中期循环：1年、2年、3年、5年、7年、10年、13年、15年；长期循环：20年、30年、45年、49年、60年、82或84年、90年、100年。

30年循环周期是江恩分析的重要基础，因为30年共有360个月，这恰好是360度圆周循环，按江恩的价格带理论对其进行1/8、2/8、3/8……7/8等，正好可以得到江恩长期、中期和短期循环。

10年循环周期也是江恩分析的重要基础，江恩认为，十年周期可以再现市场的循环。如一个新的历史低点将出现在一个历史高点的十年之后；反之，一个新的历史高点将出现在一个历史低点之后。另外，江恩也指出，任何一个长期的涨势或跌势都不可能不做调整地持续三年以上，其间必然有三至六个月的调整。因此，十年循环的涨势过程实际上是前六年中，每三年出现一个顶部，最后四年出现最后的顶部。

上述长短不同的循环周期之间存在着某种数量上的联系，如倍数关系或平方关系。江恩将这些关系用圆形、正方形、六角形等显示出来，为正确预测股市走势提供了有力的工具。

> **金玉良言**
> 永远记住是你自己的过错，而不是市场的行为，或市场操纵者的行为导致你的顺势，因此你要努力遵守规则，尽力避免注定使你失败的投资。

小知识 什么是期货

期货的英文为futures，是由"未来"一词演化而来，其含义是：交易双方不必在买卖发生的初期就交收实货，而是共同约定在未来的某一时候交收实货，因此中国人就称其为"期货"。期货的特点是以小博大、买空卖空、双向赚钱，风险很大。期货的炒作方式与股市十分相似，但又有十分明显的区别。有人说：如果你爱一个人，就让他做期货，那是天堂；如果你恨一个人，就让他做期货，那是地狱。

16 欧美篇 投资大师

威廉·欧尼尔：抓住领涨股

股市赢家法则是：不买落后股，不买平庸股，全心全意抓住领涨股。

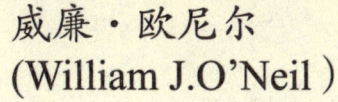

档案资料

威廉·欧尼尔
(William J.O'Neil)

生　　于：1933年3月25日
国　　籍：美国
出 生 地：美国奥克拉荷马州
毕业院校：德州南卫理公会大学
最高学历：大学本科
著　　作：《笑傲股市》

导读

作为一名投资者，你也许知道沃伦·巴菲特是谁，但未必知道威廉·欧尼尔。如果称巴菲特为"股王"，那么这位白手起家、而立之年便在纽约证交所替自己买下一个席位的欧尼尔，显然更像是一位谆谆教导并且身体力行的老师，从选股、选择买卖点以及散户透过购买基金赚大钱，到如何在茫茫股海中抓黑马等投资策略，他都考虑到了。他的成功就像一部小说或一场电影，充满了美国式的传奇。他不仅成为在股市中获取超额利润的投资大师，而且还是一名非常成功的企业家。

一、大师人生

欧尼尔于1933年生于美国奥克拉荷马州，正值美国经济濒临崩溃的大萧条时期。他在德克萨斯州度过了少年和青年时期，大学就读于德克萨斯州的南卫理公会大学，毕业后他便加入了美国空军。

21岁那年，刚刚告别大学校园的欧尼尔以500美元作为资本，开始了生平第一次投资——买了5股宝碱公司的股票。1958年，他担任股票经纪人，开始自己的的金融事业生涯；也就是从那时起，他开始了对股票的研究工作，这件事为他后来形成一整套独特的选股方法奠定了基础。

1962~1963年，他通过克莱斯勒等两三只股票的交易，赚得人生的第一桶金。

60年代初，正当而立之年的欧尼尔用在股市中的收益，为自己在纽约证券交易所购买了一个席位，并成立一家以他名字命名的专门从事机构投资的股票经纪公司——欧尼尔公司。该公司在市场上率先推出追踪股市走势的电脑资料库。1973年，欧尼尔创建了"欧尼尔资料系统公司"，建立了庞大的资料图表中心，为普通投资者服务。此外，他们还出版"每日图线"，每周向投资者提供日K线图。目前，该公司不仅为600多家大机构投资者服务，而且向30000多位个人用户提供每日股市分析图表及大量的基本面和技术面的分析指标。

1984年，欧尼尔向权威的百年老报——《华尔街日报》发起挑战，创办了《投资者商报》，这是美国报界中全新的模式。该报为每日发行，力争给投资者提供最可靠也最急需的资讯。该报在全美各地均有销售，也是美国报业中成长最快的报纸之一。

经过多年实践和研究，1988年，欧尼尔将他的投资理念写了一本书——《股市赚钱术》。该书第一版销售量就超过了40万册，后来还发行几次再版。该书被著名的网络书店——亚马逊书店评为"五星级"。

此外，欧尼尔还创办了新美洲基金，该基金的资产目前已经超过20亿美元。尽管欧尼尔又开公司又办报，但这些丝毫不影响他作为投资大师的出色表现。过去10年里，欧尼尔的股票投资年平均报酬率为40%。他最精彩的表现有一部分是来自于1970年代所投资的加拿大石油公司和1970年代末期与1980年代初期的毕肯塞因暨派斯公司。不过这些在欧尼尔眼里并不算什么，他最引以为自豪的是他曾两次在《华尔街日报》上刊登整版广告，预告大牛市即将来临。这两次广告预告时间非常准确：一次是1978年3月，另一次是1982年2月。

欧尼尔是一位毫无保留的乐观主义者，他自信、执着，对美国经济前景极为乐观。他说："有勇气、有信心，不要轻言放弃。股市中每年都有机会，让自己时刻准备着，随时去抓住。你会发现一粒小小的种子会长成参天大树。只要持之以恒，并付之以辛勤的劳动，梦想就会实现。自我的决心是走向成功的决定性因素。"

金玉良言 将朝九晚五、从周一到周五以外的时间拿来学习研究，最终会决定你是让自己走向成功、实现目标，还是让真正的大好机会从手中溜走。

欧尼尔的人生历程

- 60年代初：欧尼尔公司（机构投资股票经纪公司）
- 1973年：创建了欧尼尔资料系统公司
- 1984年：创办了《投资者商报》
- 1988年：欧尼尔的《股市赚钱术》一书，被亚马逊评为"五星级"

二、抓住领涨股

不同于多数价值投资大师，欧尼尔以操作领涨股的独特投资风格著称。同大部分投资人一样，欧尼尔也是从订阅若干有关股市投资的专业刊物开始，然后才踏入股市的。然而善于钻研的欧尼尔却发现这些刊物所介绍的投资方式并不十分有效，例如购买低价或是低本益比股票的策略，其实并不能降低风险。

1956年，欧尼尔曾经研究多位在股市中成功人士的投资之道。当时，柴弗斯基金是一个相当小型的基金，所管理的资金大约只有1500万美元；然而在杰克·柴弗斯的经营下，该基金的投资报酬率却是竞争对手的两倍，于是欧尼尔设法拿到该基金的季报，研究其投资方法。"我发现柴弗斯基金所投资的100种股票的买进时机都是在该股票创新高价的时候。我从这项研究中获得一项重大发现,即要购买上涨潜力雄厚的股票,不一定要选择价格已经跌到接近谷底的股票。有时候,创新高价的股票前景可能更好。"

另外,欧尼尔还曾经下功夫研究过去几年来表现最优异的股票,发现它们在启动之前都有一些共同的特征。对此,欧尼尔还总结出一套自己独有的理论,并将其命名为CANSLIM理论。何谓CANSLIM理论呢?其实,每个字母都代表潜力股在飙涨之前的一个特性。

"C"代表目前的每股季盈余

表现优异的股票在飙涨之前,其每股盈余通常要比前一年同期的水准增加20%;然而欧尼尔常发现有许多投资,甚至基金经理人都会买一些每股季盈余与前一年同期水准相差无几的股票,其实这类股票根本欠缺上涨的动力。因此,欧尼尔选股一条基本原则,就是要选择每股季盈余比前一年同季盈余要高出至少20%到50%的股票。

"A"代表每股年盈余

表现优异的股票在发动之前的5年中,其平均每股年盈余成长率为24%。因此,欧尼尔选股的第二条基本原则是,选择每股年盈余高于前一年水准的股票。

"N"代表创新

所谓创新是指新产品、新服务、产业新趋势,以及新经营策略等。经过研究发现,在股价涨势突出的公司当中,其中95%都曾有创新的发展。另外,股票创新高也是一种新发展。根据调查,有98%的投资人在股价新高时,都不愿意进场购买。其实股市有一种特性,即看来涨得过高的股票还会继续上扬,而跌到接近谷底的股票可能还会继续下滑。

"S"代表流通在外的股数

在表现优异的股票当中,有99%的股票在开始涨升之前,其流通在外的股数都低于2500万股。有许多机构投资人喜欢流通在外股数较多的股票，这种策略反而牺牲掉一些上涨的潜力股。

"L"代表领先股或落后股

欧尼尔调查发现，在1953年到1985年间表现优异的500种股票中，其发动涨势的相对强弱指标平均为87%（所谓相对强弱指数是指某支股票价格在过去12个月间的表现，与其他所有股票同期间的比较值。例如某股票相对强弱指数为80，即是该股票在过去一年间的价格涨幅比所有股票中80%的个股表现好）。因此，选投的另一项基本原则是，选择相对强弱指数高的股票。欧尼尔会选择相对强弱指数在80以上的股票购买。

"I"代表股票背后法人机构的支撑程度

机构投资人对股票的需求最为强劲，而领先股的背后大都具有法人机构的支撑。尽管法人机构的支撑是必要的，可是如果支撑的机构投资人太多，反而会对股票的表现造成负面影响，因为假如该股或股市发生重大变化，机构投资人势必会大量抛出持股，造成股价跌势加重，这也就是有些被许多机构投资人持有的股票，其表现难以突出的主要原因之一。

"M"代表股市价量变化

股市中有3/4的股票会跟随股市每日的变动浮沉，因此你必须掌握股市每日的价格与成交量的变化。

经过不断的测试，在任何时候，股市中只有2%的股票会符合CANSLIM的选股原则。不过，GANSLIM理论的目的就是在于便利选择最具潜力的股票。任何人都不应该期待某支股票在筑底完成后一定会向上突破。如果在筑底阶段买进股票，按正常状况，只要股价的震荡幅度在10%～15%之间，你就很容易被洗出场；但是，只要选择了正确的进场时间，股价通常就不会下挫到欧尼尔所设定7%的最大停损点。

金玉良言

牛股基因如下：其一，前期没有暴跌，即没有很重的套牢盘；其二，从时间和幅度看，有较为扎实的打底过程；其三，一定有超越同期大多数股票的表现。

CANSLIM理论

- **C** 目前的每股季盈余
- **A** 每股年盈余
- **N** 创新
- **S** 流通在外的股数
- **L** 领先股或落后股
- **I** 股票背后法人机构的支撑程度
- **M** 股市价量变化

三、欧尼尔的告诫

每个进入股市的投资者都不可避免地会犯一些错误，对此，欧尼尔在其著作《股市赚钱术》一书中有经典的总结。

(一)大部分投资人连股市投资的大门都没通过，因为他们没设定一套选股标准。有些人甚至心中根本没有选股的概念，买什么全凭一时兴起。

(二)在股价下跌时买进股票，这是一项相当严重的错误。买一支股价远比前几个月水准低的股票，看来是捡到便宜货，然而这种做法却可能遭受重大损失。

(三)投资人还有一个易犯的严重错误,就是逢低补仓。假如你以每股40美元的价格买进某支股票,然后又在股价跌至30美元时买进,看起来你买进该支股票的平均价格为每股35美元,但是实际上却是把自己的资金押在一支持续下跌的股票上。这种业余人士才使用的操作策略,很可能会给你带来难以想象的损失。

(四)大部分投资人都倾向于买进低价格的股票。他们认为用同样的钱,与其买50股较昂贵的股票,不如买100股或1000股较便宜的股票。事实上,你应该购买价格较高,公司营运状况较佳的股票。你所应该注意的,不在于你可以买多少股票,而在于你能投资多少钱,以及这笔钱所能买到的最好商品及所获利益。

(五)耐心学好基本功,投资人初入股市时,希望大赚一笔,他们急功好利,因此疏忽了基本准备工作,而且也没有耐心学习必要的技巧。

(六)相信自己的判断,不要跟风。大部分投资人靠耳语、谣言、故事,以及一些业余人士的建议投资股票;换句话说,他们等于是把自己的血汗钱交给别人投资,而不愿意费神确定自己真正要投资的是什么。他们宁愿相信别人的耳语,也不愿相信自己的决定。

(七)部分投资人买进股票,是因为看中该股票的股利以及其较低的本益比;然而,股利的重要性远不如每股盈余。事实上,公司所支付的股利越高,其经营体质就越弱,因为该公司必须以高利贷款来弥补股利发放后所损失的内部资金。此外,投资人很可能会由于股价下跌,而在两天之内就将股利赔光。至于股票本益比偏低,可能是该公司营运状况不理想所致。

(八)许多投资人倾向于购买上市公司名称较为熟悉的股票。假使你曾经在通用汽车公司工作,也不表示通用汽车公司的股票值得投资。有些上市公司的名称,你可能连听都没听过,然而只要稍加研究,就会对这些公司印象深刻。

(九)大部分投资人无法分辨投资资讯品质的优劣,因此把朋友、经纪商以及投资顾问视为其投资建议的可靠来源，殊不知这些来源可能正是导致其亏损的罪魁祸首。杰出的投资顾问与经纪商就如同杰出的医生、律师、棒球选手一样，百不及一。

(十)根据股市走势所透露的信息进行决策。有98％的投资人不敢在股价创新高时买进股票，因为他们担心股价已经涨得过高；然而依靠个人感觉所做的判断绝不会比股市走势所透露出来的信息准确。

(十一)大部分业余投资人在遭遇亏损时，都无法及时抛出持股，将亏损降到最低，却宁愿固执地等待股价回升，结果反而使亏损一直扩大到难以弥补的地步。

(十二)大部分持有股票的投资人只要股价稍微上扬，便迫不及待地获利了结，然而却紧抱着亏损的股票不放。

(十三)大部分投资人过分担心证券交易税与佣金，反而忽略了投资股票的最终目的是赚取利润。投资股票比投资房地产占便宜的地方，便是在于股票的交易税和佣金低、市场流通性好。

(十四)许多投资人都把买卖期权视为发财的捷径，然而他们在购买期权时，却只注意短期、低价的期权，殊不知这种期权的风险远大于长期的期权。

(十五)大部分投资新手在下单时都会采取限价买进或卖出的方法，很少使用市价挂进或挂出的方法；然而限价下单的方式很容易让你错失股价上扬的列车，或及早抛出以降低亏损的机会。

(十六)有明确的投资目的。有些投资人经常难以做出买进或卖出的决定。事实上，他们之所以如此犹豫不决，是在于他们无法确定自己到底在做什么。他们没有投资计划，也没有一套完整的投资方法，因此对于自己的决定没有把握。

(十七)大多投资人都无法以客观的角度来观察股市。他们总会挑选自己心理上较为喜欢的股票，并一心希望这些股票会使他们获利，而忽略了股市走势所透露出来的资讯。

(十八)投资大众经常会受困于一些不十分重要的事,而影响其投资决策,例如股利、上市公司的某项新声明,以及经纪商和一般投资顾问公司的意见。

小知识 什么是期权

期权是指在未来一定时期可以买卖的权力,是买方向卖方支付一定数量的金额(指权利金)后拥有在未来一段时间内(指美式期权)或未来某一特定日期(指欧式期权),以事先规定好的价格(指履约价格),向卖方购买或出售一定数量的特定标的物的权力,但不负有必须买进或卖出的义务。

金玉良言

你不能期待每天晚上看看电视、喝喝啤酒,或是和所有朋友开开派对,就可以得到像股票市场或美国经济这类复杂问题的解答。

活到老学到老

17 亚洲篇 投资大师

李嘉诚：亚洲投资界的超人

> 我决定一件事时，事先都会小心谨慎研究清楚，当决定后，就勇往直前去做。

档案资料

李嘉诚

生　　于：1928年7月29日
国　　籍：中国
出 生 地：广东潮州
公　　司：长江实业集团等
职　　位：董事会主席
相关著作：《李嘉诚》

导读

李嘉诚是香港国际企业家，中国广东潮州人。他创立香港最大的企业集团——长江实业集团（简称长实集团），跨了房地产、能源业、网络业、电信业，甚至是媒体，是香港及亚洲首富，绰号"李超人"，据2008年3月《福布斯》杂志的统计，李嘉诚的总资产值高达265亿美元，折合港元为2000亿元。

一、大师人生

李嘉诚1928年7月29日生于中国广东潮州一个书香门第，父亲为小学校长。日本侵华期间，与家人逃难至香港。1941年日本占领香港，母亲与其他弟妹返回潮州，而父亲则于该年秋天身故，所以李嘉诚辍学就业，在舅父的钟表公司当泡茶扫地的小学徒，他当时年仅12岁。17岁时，李嘉诚在一家五金制造厂以及塑料带制造公司当推销员，开始了香港人称之为"行街仔"的推销生涯，这时，他的经商天分开始显现。

1950年，他投资7000美元，在香港成立长江塑料厂，进军塑料行业。李嘉诚后来回忆说："当年的长江塑料厂只是生产一些普通塑料玩具和家庭用品，经由出口洋行运销欧美。在最初10年间，每星期要工作7天，每天至少工作16小时，晚上还要自修，加上工厂人手不够，自己身兼买货、接单等工作，经常睡眠不足，早上必须用两个闹钟才能起床，可说是每天最难过的时刻。"

1958年，李嘉诚转型投资地产，并于1971年成立长江实业，再于1972年以每股3元，发行4200万股上市，上市当天，股价便大涨好几成，成为地产五虎将之一。李嘉诚善于以股票融资，加上当时股市热潮，所以能够以小吃大，在上市的一年内，其土地储备已经上升逾20倍，并开始快速累积财富。

1979年，"长江实业"宣布与汇丰银行达成协定，斥资6.2亿元，从汇丰集团购入老牌英资商行——"和记黄埔"约22.4%的股权，李嘉诚因而成为首位收购英资商行的华人。随后一年内将投权增持至40%，成功控制和记黄埔。

1985年，李嘉诚趁怡置系出现财政困难，收购港岛区及南丫岛的电力供应商香港电灯公司34.9%的股权。

1987年，收购加拿大石油公司赫斯基能源的股权，并首次登上《福布斯》富豪排行榜。

1989年，外资企业大举撤离，但李嘉诚反而大举进军中国大陆市场，成为香港在内地的最大投资者，北京的大型综合物业项目"东方广场"就是他的得意杰作。后来，李嘉诚把中国大陆的投资专案组成长江基建。长江基建在中国的能源建设占有很重要的分量。

据《福布斯》2004年2月号的排名，李嘉诚在世界富豪榜里排行第19位，超越了传媒大亨梅铎。李嘉诚家族的总财产曾一度逼近香港总资产的四分之一。不少港人感叹他们一辈子都在为李嘉诚打工，因为买的、租的房屋是李嘉诚公司盖的，到超市购物、手机等都与李嘉诚公司有关。

2005年，《福布斯》公布李嘉诚以财富188亿美元排名世界富豪第十位；2006年，李嘉诚的总资产值高达230亿美元，居世界第九位；2008年，李嘉诚以265亿美元的资产在《福布斯》排名世界第11位。

2009年，美国财经杂志《福布斯》公布当年香港40大富豪榜，长实集团主席李嘉诚以162亿美元继续坐稳榜首。《福布斯》指出，虽然受金融海啸影响，使李嘉诚的财富因长实股价下跌，较上一年减少一半至162亿美元，但仍居香港榜首。

金玉良言

我17岁就开始做批发推销员，更加体会到赚钱的不容易、生活的艰辛。人家做8个小时，我就做16个小时。

点石成金：投资大师炼金术

李嘉诚的一生

- 12岁时
- 17岁时
- 1950年 长江塑胶厂
- 1971年 公司转型 长江实业
- 1979年 购入 和记黄埔
- 1985年收购香港电灯公司
- 1987年收购加拿大石油公司赫斯基能源的股权
- 1989年进军中国大陆市场

二、超人的股市投资策略

2008年11月,饱受金融海啸肆虐的香港进入严峻的经济寒冬。从2007年10月末港股疯狂,创下31638的高点后,到2008年10月黑色风暴后的13968点,香港恒生指数整整下跌了56%。当众多富豪纷纷倒下的时候,人们发现只有"超人"李嘉诚仍然幸免于股灾。李嘉诚自2007年起,每次重大媒体记者会,都会叫大家谨慎投资。

李嘉诚在2007年5月严肃地提醒A股投资者,要注意泡沫风险,随后不到半个月,"5·30"便出现,中国内地股市暴跌;到了2007年8月,港股在"直通车"消息刺激下出现非理性飙升,李嘉诚特意向股民发出忠告,香港与内地股市均处高位,而且要留意美国次贷问题。上述两次言论,均被内地一些所谓股评家批评为"不懂股票市场"。

2008年3月27日,长实业绩发布会时,港股刚刚经过"3·17"股灾,市场开始出现反弹复苏迹象,但是李嘉诚再次坚定地对香港市民呼吁,经济风暴还没有完结,买楼买股要量力而行;到了8月22日,市场充斥着政府将会斥资数千亿元资金救市的消息,股市再次飙升,李嘉诚又一次语重心长地公开唱空,希望股民要慎重考虑,他还直斥"利用此类消息赚钱是罪过"。

随着9月雷曼倒闭,黑色十月股灾出现,欧美出现严重的信贷危机,几乎已经没有人怀疑李嘉诚的判断了。

李嘉诚为何能独立于富豪群体之外,面对金融危机,他的"过冬策略"是什么?其实,李嘉诚在多次的新闻记者会坦言,他在股票投资方面异常地谨慎保守,紧紧把握基本面资讯。李嘉诚不仅公开提醒投资者注意风险,自己也在实践中做到了提前"过冬"的准备:他早在2007年便大手笔减持手中的中资股,回笼资金至少上百亿港元,另外在产业布局方面,也早在两年前便开始调整。

据统计,从2007年的李嘉诚旗下信托基金操盘记录来看,李嘉诚减持南方航空、中远控股以及中海集运,可谓是神来之笔。这三大股票算下来,李嘉诚在2007年9~12月期间共套现近100亿港元。

尽管进行了多次近乎完美的减持套利，但是李嘉诚或许并不会对"股神"的美名感兴趣，他在多个场合均声称，自己是做实业的。作为一个企业家，李嘉诚更关注对经济层面的把握，以及对企业战略方向的管理与预测，正如他所说，他经常想的是几年甚至十年以后的事情，这也是他为何能在这次金融海啸中站稳的重要原因。

金玉良言

即使本来有一百的力量足以成事，但我要储足二百的力量去攻，而不是随便去赌一赌。

李嘉诚在金融风暴中的股市策略

- 把握基本面资讯
- 注意风险
- 减持手中的风险股
- 让资金回笼

小知识 次货危机

次贷危机又称次级房贷危机，也称为次债危机。它是指一场发生在美国，因次级抵押贷款机构破产、投资基金被迫关闭、股市剧烈震荡引起的金融风暴。它致使全球主要金融市场出现流动性不足的危机。美国"次贷危机"是从2006年春季开始逐步显现的；2007年8月开始席卷美国、欧盟和日本等世界主要金融市场。次贷危机目前已经成为国际上的一个热门问题。

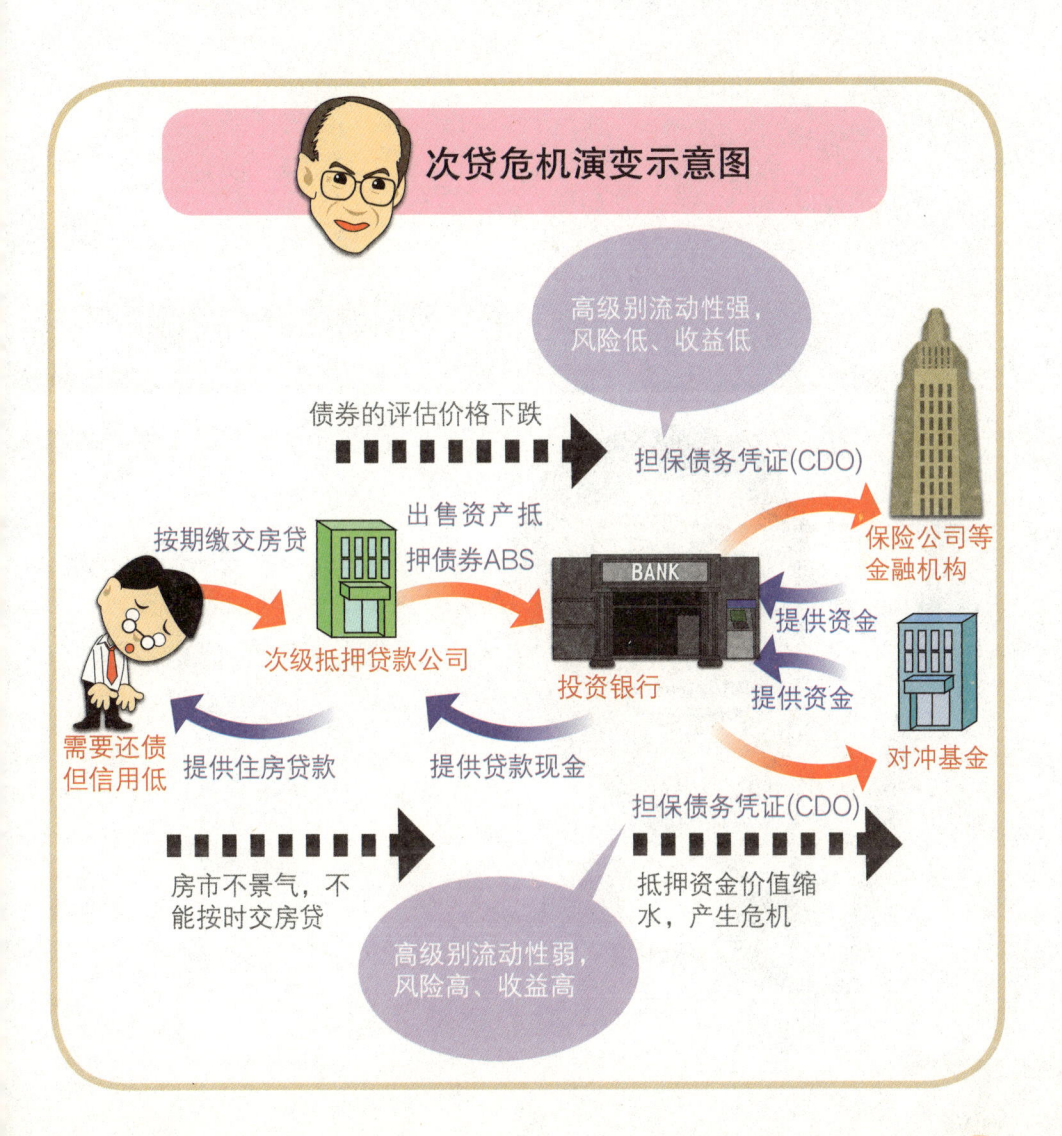

次贷危机演变示意图

债券的评估价格下跌 → 担保债务凭证(CDO)

高级别流动性强，风险低、收益低

按期缴交房贷 → 次级抵押贷款公司 → 出售资产抵押债券ABS → 投资银行

投资银行 → 保险公司等金融机构

投资银行 ⇄ 对冲基金（提供资金）

需要还债但信用低 ← 提供住房贷款 ← 提供贷款现金

房市不景气，不能按时交房贷

担保债务凭证(CDO) 抵押资金价值缩水，产生危机

高级别流动性弱，风险高、收益高

18 亚洲篇 投资大师

阿瓦里德·本·塔拉尔：中东"股神"

> 我要是想做什么，就会做得惊天动地，否则干脆就不要做。

档案资料

阿瓦里德·本·塔拉尔

- 生　　于：1957年
- 国　　籍：沙乌地阿拉伯
- 出 生 地：沙乌地阿拉伯
- 毕业院校：旧金山门罗学院
- 学　　历：工商管理硕士
- 相关著作：《投资狂人》等

导读

阿瓦里德·本·塔拉尔是石油王国沙乌地阿拉伯的一名王储，富可敌国；但他却雄心勃勃投身商界、自己创业，做的却不是沙国传统的石油生意，而是广泛投身其他的商业领域。阿瓦里德王子被誉为"沙国的比尔·盖茨"，在《福布斯》杂志公布的2007年中东地区富人排行榜上，阿瓦里德王子以203亿美元的个人资产位列第一。这位曾经一度被沙国王室冷落的王子，最终通过自己的努力，登上中东的财富之巅。

一、大师人生

阿瓦里德·本·塔拉尔生于1957年，是沙乌地阿拉伯开国国君第21位王子的子嗣。父亲曾是沙国驻法国的大使，母亲是黎巴嫩独立后首任总理的千金。在阿瓦里德·本·塔拉尔5岁时，他的父亲被流放到埃及。在那里，他和父亲以及家人苦度人生，阿瓦里德经常翘课并流浪街头。

后来，阿瓦里德和父亲获准回沙国。由于在街头"流浪"的历程，阿瓦里德与一般在王宫中长大的王子不同。13岁那年，他的父亲发现阿瓦里德的生活太过叛逆，丝毫没有王子的样子，决定把他带回沙国的利雅德，让他到军校读书，管教他桀骜不驯的性格。在军校期间，阿瓦里德被要求打扫马桶、浴室、早上6点自己做早餐、晚上6点准时睡觉。阿瓦里德说："那段生活改变了我的一生，是我人生中的第一个关键阶段。"从军校出来后，阿瓦里德性格中的优柔寡断和迟疑不决都被一扫而光。

1976年，19岁的阿瓦里德离开家乡，前往美国旧金山门罗学院攻读工商管理硕士学位。

1979年，阿瓦里德带着全优成绩回到了祖国。父亲给的1.5万美元成为他的第一笔创业资金。这个时期，突破了西方大国对波斯湾的控制之后的沙国，刚刚开始在国际石油市场上大笔收获石油美元，沙国国内的商业活动也日趋活跃。阿瓦里德利用自己的关系和手中不多的资本，做起贸易代理和承包生意，在这几年里，他每年的利润都达到数千万美元。

当时，许多沙特王室的成员都利用自己的身份和关系，靠为外国公司当代理轻轻松松赚钱，而阿瓦里德与他们不同，他选择另外一条路，利用手中积累的资本，陆续建立几家公司，并与外国公司在沙国发展合资企业。

接着，阿瓦里德及时预见到政府依靠石油美元实施的高福利政策，将大大刺激国内的房地产市场，就在首都利雅德买下两大块地产。这些土地成为他走向地产的开始，而到今天，他已成为沙乌地阿拉伯首都最大的私有地产拥有人。

随着阿瓦里德在房地产业成功，他的财富"滚雪球"式地成长。他建立了"王国控股公司"，把触角伸向其他领域。1986年，他成为连年亏损的沙乌地阿拉伯联合银行的最大股东，并在1989年将该银行转变为沙国盈利最好的商业银行。到上世纪90年代，阿瓦里德开始把目光投向更广阔的国际市场。

在此后十多年里，阿瓦里德先后斥巨资购入国际知名企业的股票。他的大部分投资在美国，他是美国最大的外来个人投资者。

> **金玉良言**
>
> 买被低估的公司，并一直持有它至目标价位，投资就是这么简单。

王子的果敢坚强

早上6点自己做早餐

晚上6点准时睡觉

军校生活让王子变得果敢坚强

王子的王国控股：花旗银行、可口可乐……

二、奢华的生活

和许多长期生活到国外的沙国王子不同，阿瓦里德生活在利雅德附近的沙漠中，在这一片沙漠中他用1.3亿美元建造一座宫殿。

阿瓦里德、他的妻子以及他们的孩子，就住在这座宫殿内，供使用的佣人有100多个，这些佣人都配备对讲机；而在宫殿中，有一个现代化的帐篷，则是他的工作室，帐篷内设有3个电视大屏幕，这些屏幕与移动电话、传真机、印表机、电脑和一辆载重汽车相连，载重汽车上价值70万美元的通信设备又与卫星相连接，并有20名经理透过这些设备管理他的财富，这些人日夜忙碌，可随时向他报告证券市场行情、投资机会和公司的业绩。王子的宫殿顶层就是一条飞机跑道。除了上百亿美元的股票和几座宫殿外，阿瓦里德还拥有自己的私人飞机。他那艘288英尺长的"王国"号豪华游艇，经常停泊在法国度假胜地科特达祖尔，供他避暑之用。

在投资领域，巴菲特和阿瓦里德是西方和东方的两个神话。同样身为世界头号富豪之一，巴菲特创造的财富令人惊讶，在股市上取得的成就无人能及，但他却由衷地欣赏阿瓦里德。

在一次写给阿瓦里德的信中，沃伦·巴菲特说："在奥马哈（巴菲特控股公司总部所在地），人们管我叫'美国的阿瓦里德'，对此，我深感荣幸。"两个人还有一个相似的地方就是，沃伦·巴菲特在22岁大学毕业，赚得第一桶金：一万美元，从此开始投身股海，创造奇迹；而阿瓦里德的创业基金仅仅是1.5万美元，只购买危机中的股票。靠着父亲给自己的1.5万美元起家的阿瓦里德，作为私人投资者，主要优势是他可以随时动用大批资金。

假如一家公司陷入资金不足的危机，王子可以轻易开出上亿美元支票。阿瓦里德数度购买花旗银行股票，并对花旗银行进行长期持有，就是他这一投资策略的明证，而对花旗银行的投资也是阿瓦里德迄今为止最成功的一个投资事件。

很多人说，阿瓦里德的发达致富，完全可以书写一部现代版本的《一千零一夜》——他就是出没其中的那些神奇之人。

> **金玉良言**
>
> 财富是一种祝福。如果财富被正确使用的话，那不叫浪费也不叫滥用。我认为，王室成员都有理财观念，他们所买的每一件物品都物有所值。

三、投资花旗，名利双收

在西方商界，阿瓦里德被看作是一个"拯救者"。就像《经济学家》所说："假如一家公司陷入资金不足的危机，他是世界上仅有的几个能轻易开出上亿美元支票的私人投资者之一。"阿瓦里德也的确擅长投资那些陷入困境的著名公司，然后利用公司股票的反弹翻盘获利。《时代》周刊称他是"阿拉伯世界的沃伦·巴菲特"，《福布斯》则把他描绘成世界上最精明的投资者之一。

作为一个国际投资者，阿瓦里德最漂亮的一注是下在美国最大的商业银行——花旗银行。

1990年秋，花旗银行由于在房地产贷款中损失了钱，被美国联邦储备委员敦促增加资金储备，但它一时无法找到十多亿美元投资。由于人们害怕花旗破产，它的股票在股市上连日猛跌。这时，默默无闻的阿瓦里德以2.07亿美元（每股12.46美元）买下了花旗当时4.9%的普通股，这是按法律规定不用公布其股分的上限。次年2月，他又以5.9亿美元买了花旗新的优先股，它们可以每股16美元的价格换成普通股，这占了花旗股分的10%。两次购股，使阿瓦里德在花旗的股分上升到14.9%。

随着花旗资金危机的消退，这家银行的股票扶摇直上，阿瓦里德一鸣惊人，名利双收。时任花旗董事长的约翰·里德至今对这位王子感激涕零，称赞他是"极有耐心的投资家"。阿瓦里德自己则说："我要是想做什么，就会做得惊天动地，否则干脆不做。"

自1990年以来，阿瓦里德花了上百亿美元投资美国股票市场。有人说，即使当巴菲特那样经验丰富的投资者都对证券市场行情感到困惑时，他也敢投下重赌注。

当然，他的投资并不总是立刻有回报。前几年网络泡沫破灭之际，曾大举买入网络股股票的他也屡屡被套，阿瓦里德承认蒙受了损失，但他很少抛出股票，并一再强调自己是"一个长期投资者"。他说："我认为，在美国公司中还有很多机会，只是行动要相对地变得谨慎。"

阿瓦里德之所以痴迷于网络股的原因，是因为他对于高技术情有独钟。他有"阿拉伯世界IT先锋"的美誉，他希望沙国能够成为阿拉伯世界最先进的国家，比邻国拥有更多的电脑、行动电话和网际网络设施。

阿瓦里德和巴菲特一致的地方，还有他们对长期持有所购买股票的观点。阿瓦里德从置身股海以来就坚持长线投资的策略，他认为买卖股票原本就是转移股权，持有股权者即为股东，股东权益来源于企业运营所获取的利润。

长期而言，股票的价格取决于企业的发展和企业所创造的利润，并与其保持一致，而短期价格却会受各种因素影响而大幅度波动，没有一个人可以做到始终如一地准确预测。

因此，真正的股票投资应该是选择一家真正值得投资的好公司，在合适的价位购入其股票，长期持有，耐心等待企业的成长为自己创造财富。在阿瓦里德看来，最佳的持有时间就是终身。

> **金玉良言**
>
> 我投资的是企业而不是股票，也不是通过投机买卖企业的股票来获取短期市场差价。

王子名利双收

1990年，花旗银行在房地产贷款中损失惨重，它的股票在股市上连日猛跌

- 2.07亿美元（每股12.46美元）买下了花旗当时4.9%的普通股
- 5.9亿美元买了花旗新的优先股
- 阿瓦里德在花旗的股分上升到14.9%

花旗资金危机的消退，时任花旗董事长的约翰·里德至今对这位王子感激涕零

小知识 普通股

所谓普通股主要是针对优先股而言。

普通股是指享有普通权利的股分，构成公司资本的基础，是股票的一种基本形式，也是发行量最大、最为重要的股票。普通股股票持有者按其所持有股分比例享有以下基本权利：

1.公司决策参与权。

2.利润分配权。普通股股东有权从公司利润分配中得到股息。普通股股东必须在优先股股东取得固定股息之后，才有权利享受股息分配权。

3.优先认股权。如果公司需要扩张而增发普通股股票时，现有普通股股东有权按其持股比例，以低于市价的某一特定价格，优先购买一定数量的新发行股票。

4.剩余资产分配权。当公司破产或清算时，若公司的资产在偿还欠债后还有剩余，其剩余部分按先优先股股东、后普通股股东的顺序进行分配。

优先股是公司在筹集资金时，给予投资者某些优先权的股票，这种优先权主要表现在两个方面：

1.优先股有固定的股息，不随公司业绩好坏而波动，并可以先于普通股股东领取股息。

2.当公司破产进行财产清算时，优先股股东对公司剩余财产有先于普通股股东的权利。但优先股一般不参加公司的股利分配，持股人亦无表决权，不能借助表决权参加公司的经营管理。

19 亚洲篇 投资大师

胡立阳：中国台湾"股神"

> 当你由开始的生气转变为根本不再关心股价，并且对行情也逐渐死心的时候，股市肯定已经默默来到谷底附近。

档案资料

胡立阳

国　　籍：中国

毕业院校：美国加州圣塔克拉大学

最高学历：企业管理硕士

著　　作：《胡立阳股票投资100招》等

导读

胡立阳是美国加州圣塔克拉大学会计学士、企管硕士，33岁时担任美国最大的证券公司——美林证券第一位华籍副总裁兼硅谷分公司总经理，公认的华尔街"股市神童"。

1986年，他毅然决然放弃千万年薪，应邀到台湾任多所大学教授，教授股票投资学，并担任证券市场发展基金会秘书长，任期中因推广股票投资并教育投资大众，带动了空前的投资热潮。其后任多所大学教授期间，被大学生票选为最受欢迎教授，他所著的《胡立阳股票投资100招》等更是创下畅销书销售记录，大卖120万册，连续三年排行榜第一，投资人人手一册。他带动的"胡立阳旋风"至今无人能及，更被媒体称为"股市之父"。同时，胡立阳也将西方很多证券市场术语带到亚洲，诸如"综合类券商""金融衍生品""股指期货""高开低走"，以及一些技术指标的翻译和传播，这些名词随着中国股市诞生也传到了大陆。更有趣的是，"名嘴"一词的诞生，就是1987年媒体为形容其讲演的魅力而对他的尊称。

胡立阳总能将最深奥的学问以最幽默风趣的方式来表达，看任何一本他所著的畅销书，或是听他的演讲，都像是看电影，既轻松又愉快。他的演讲酬劳曾经排名美国华尔街前十名，他在台湾演讲的场次之多，还打破了吉尼斯世界纪录。

一、投资股票的四个黄金步骤

许多投资者选股票都只凭直觉或是道听途说，进出股市之间也都是随兴为之，毫无章法，以至于多年下来在股市中总是赚少赔多，伤痕累累、心灰意冷。

胡立阳在华尔街工作时，总是要求手下的投资顾问，在客户进场前，务必提醒他们投资股票有四个环环相扣的重要步骤，如果其中任何一个环节出错，那么将会影响整个投资的结果。这四个步骤是胡立阳多年来在股市中得到的宝贵经验：

1.买进一定要有理由

你认识你的投资标的吗？

你对这家公司的发展以及相关产业动态究竟了解多少？

你熟悉这只股票的股价在过去的起伏习惯吗？

无论如何，你一定要找出一项可以充分说服自己买进这支股票的理由！

"听别人说""随便玩玩""碰碰运气"……一无所知地乱买一通，是赔钱的最大原因。

2.买进后立即先设下10%的停损

先作好保护自己的动作吧！这是很重要的！遇上不对的时机、选到不当的对象，这时及时下车，还不至于伤了元气。要严格要求自己，顶多只是小赔，但绝不能让自己深套！买进后马上先设下10%的停损。

3.至少设订30%的获利目标

既然想要赚大钱就要有所企图，获利30%只是最低的门槛！没有大钱赚何必浪费时间？任何一个成功的生意人都明白这个道理。投资亦是一样，股票上涨的过程中，一定要管好自己，别因为小赚一点点就手痒而卖掉股票！

4.卖出后不可急于立刻买进

如果是因"停损"卖出，别只抱怨选错标的，要冷静检讨是否时机根本不对，否则只会转身跳进另一个火坑而已；若是"停利"卖出，要注意其他的个股是否也同样是涨翻天了，要是闭着眼睛左手卖右手买，岂不是在自掌嘴巴？因此，卖出后，至少要耐心观察2～3周，才能考虑新的投资标的。

金玉良言 股价或许真假难辨，但量却从不会说谎！

二、股票会说话，只是你未必听得懂

胡立阳在每次面对投资者演讲时，总喜欢开玩笑地说，股票会"说话"，只不过它说的是一种很奇怪的语言，并不是每个人都能听得懂。

这里的会"说话"，指的是我们看到股票会通过特殊的肢体动作来表达"会涨""会跌"的情绪，而你必须学着去"倾听"，学会这种肢体语言！胡立阳为大家介绍股票的三种基本肢体语言：

1.股价与大盘指数背道而驰

当股市反映利多，指数大涨，但不幸，你"养"的那只股票收盘却是下跌，哪怕只是区区的一毛钱。请别安慰自己，认为它很有"个性"。

要知道，像这种"万人皆涨、唯它独跌"的股票，或许已表示公司出了问题。也不排除有特定人士在借机出货。第二天谁能保证它不会发生"别人小跌，唯它大跌"的悲剧呢？

2.成交量异常变动

你"养"的其中一只平常每天都是冷冷清清的，成交量不过一两千，股价当然也是无精打采；可是有一天，你在盘中突然见到一笔笔的大单不断涌进，收盘后成交量竟然异常地增加到1万多，股价虽还只是小涨，但是它已经在说："我就要大涨了，赶快买进吧！"

3.股价脱离常轨

"久久不动，必有大动"！假若你的股票每天都在昏昏欲睡，已经有一个月的时间都是在原地踏步，你正在考虑是否换股，而有一天，它突然醒过来了，而且还活蹦乱跳地大涨，这又是在说什么？

以上三种状况是组成股票所有肢体语言的三大元素，只要能融汇贯通，便能通晓其中的万般变化。这么一来，你就完全听懂股票在说些什么话了！

每天都有不计其数的人在股市中进进出出，但愿意花时间去观察股票的各种表情、了解它特殊语言的人，真是少之又少，实在可惜。

金玉良言

连续下跌中的股价，若有一天突然出现开低走高又带量的走势，可以称为"破底翻"，通常代表"涨潮"启动。接着，就须观察接下来的5~8个交易日，是否能有更大的成交量来超越"破底翻"量；否则，涨潮又会有冷却为退潮的可能。

股价的三种基本肢体语言

股价与大盘指数背道而驰

台达电	▲2215 +009
法拉电子	▲2002 +007
迪马股份	▼1503 −001
安阳科技	▲807 +0.2
艾迪电子	▲905 +016
华邦电子	▲220 +008
大汉次郎	▲1406 +009

成交量异常变动

成交量　平日　某日

股价脱离常轨

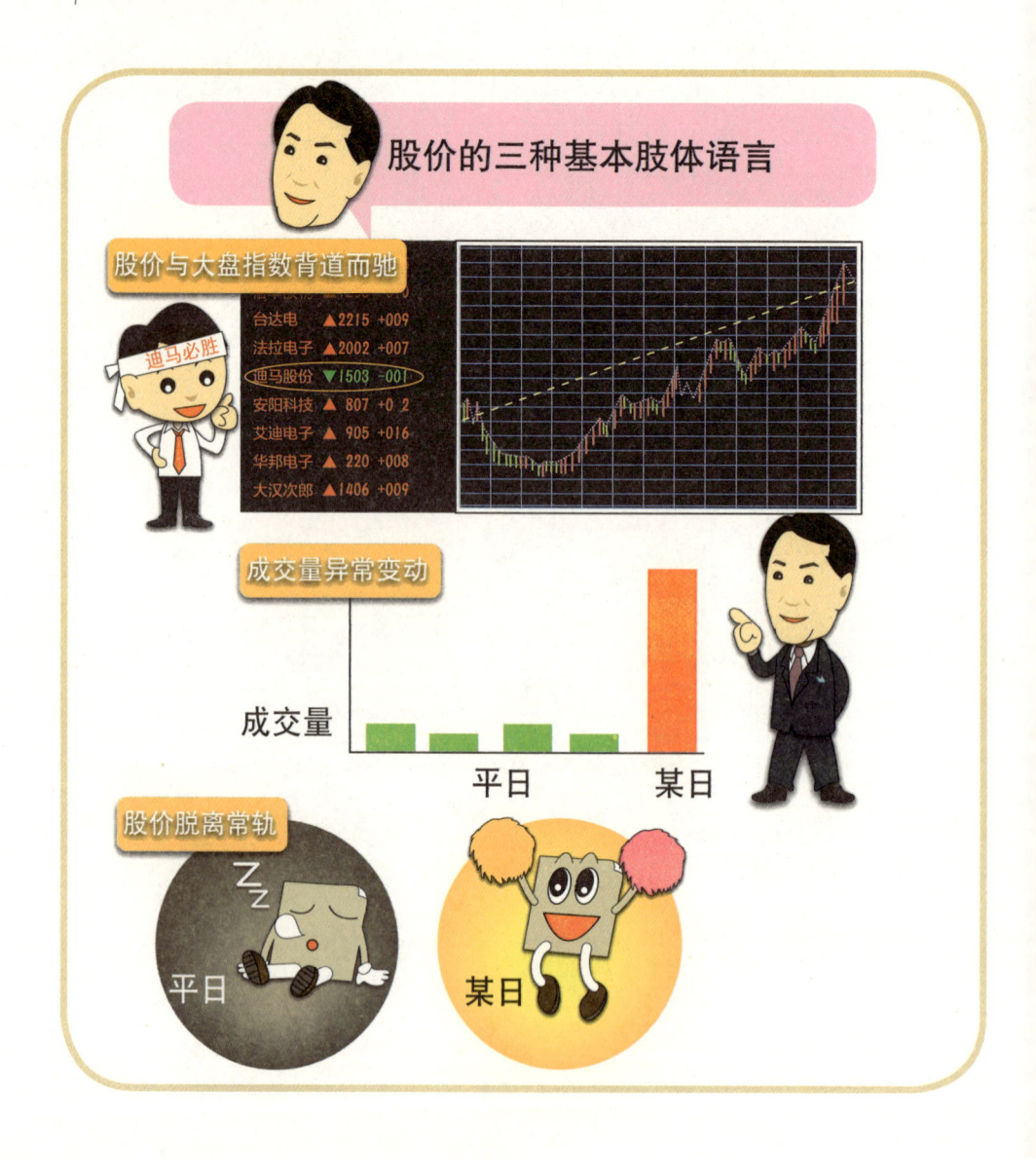

平日　某日

三、会卖才是真本事

人人都会买股票，会买是次要的，会卖才是真本事！

胡立阳在刚担任投资顾问的几年，对那些很敢买股票而且似乎每买必赚的人佩服得五体投地，觉得他们一定是天赋异秉！相反地，对那些买进股票一看苗头不对，二话不说拔腿就跑的客户则是完完全全懒得评论，因为总觉得他们太过紧张，大概是股市的"新兵"吧！

但是，随着投资经验的积累，胡立阳觉得自己之前的看法是完全错误的！原来那些"敢买的、会赚的"顶多只是一时手气很顺罢了，他们很多都只是"会买不会卖"，赚了小钱，却赔了大钱，股市中由英雄落难成"狗熊"的投资者比比皆是！相反地，那些会"溜"的人却总是赔小赚大，因为他们在赔钱的时候是"胆小如鼠"，但是在赚钱的时候又是"胆大包天"，于是每每由"狗熊"变成了英雄！

当我们买进一只个股，肯定是基于万般理由，希望它能一飞冲天！万一事与愿违，发现它根本没有翅膀，这个关键时刻便能分辨出谁才是真正"高手"了。

按照胡立阳的看法，高手在这种时候是会卖的，而且是卖得连一股都不剩！曾经有一次，恰巧在股市崩盘前，当牛熊正陷于苦战的时刻，胡立阳先生亲眼目睹一位大户一口气买进了两百万股的某只个股，但在发现只推动了两档价格之后，立刻反手全部杀出，连一股都不剩，直到股价应声跌停为止。据他解释，明知前面已埋了"地雷"却还不赶快撤退的话，等到腹背受敌就便来不及了。好一个高手！为什么高手此时出手如此果断？那是因为他们深知，股价只要不涨便一定会下跌，现在还没有出现状况，是因为有太多人舍不得卖或是还在观望所造成股价的"假支撑"，过不了多久即使想卖也已经太迟了！

一个会卖股票的人比起一个会买的来的少见，但就是这些少数人赚走了多数人的钱！而这就是股市！

金玉良言：如果你的投资是不能够"确定"的，那么我认为就未能利用好证券市场这种能让你资产实现"复合式成长"的好处。

四、哪边有鱼，哪边钓

买股票其实跟钓鱼没什么两样，想要赚到钱便必须跟着人气走，千万别不信邪！若你老是挑些毫无人气的冷门股买进，那可能只有去菜市场买鱼了！

胡立阳曾经有过这样的经验：有次去钓鱼，到了海边以后，发现在一块光秃秃的岩石边挤满了上百名钓客，有人忙着甩竿，有人急着收竿，只因距离太近，大家的线常缠成一团，虽然吵吵闹闹，但就是没有人愿意离开。

这时胡立阳注意到，就在这块秃岩的旁边大约三十米的地方，有一棵大树像现成的遮阳伞，旁边还有几块方整的石头，就像是天然的钓椅。

有大树挡风遮阳，又能坐在"椅子"上，这可真是既舒服又享受的钓鱼之处，为什么要傻呼呼地去跟大家凑热闹呢？胡立阳于是半躺半坐地开始垂钓。

之后的三个小时，胡立阳就像是阿呆一样，除了一条鱼都没钓到以外，还连一个诉苦的对象也没有，真是乏味！更邪门的是，在三十米外的那块秃岩上，钓客愈聚愈多，上钩的鱼是愈来愈大！

想想也没办法，只有硬着头皮也爬上那块秃岩上去凑上一脚，最后虽没有钓上大鱼，但至少也钓到两条小泥鳅！他终于领悟到一个道理："哪边有鱼就到哪边钓！"

在股市中也是如此，只要有人气的股票便有机会，因为股价原本也就是被人气所带动并推高的，你只不过是要学会在人气全都散去之前，比别人先跑一步而已。

从每天的热门股排行榜可以看出哪里人气旺，如果还嫌不够，那么可以多从一些人气愈来愈旺的类别来挑选个股，而少去碰那些常让人"无语问苍天"的冷门股，这是短线操作的不二法门。

金玉良言

投资股票就像跳舞一样，一定要抓对节拍，否则会一步错全盘错。

五、技术分析在熊市中的盲点

有的投资者十分推崇技术分析,在入市之前读了大量的股市技术分析书籍,入市后也完全按照课本上的技术分析法则来做进出的决策,但最后的结果却很无奈,成为股市的头号伤兵,溃不成军。难道这些法则根本只是纸上谈兵,中看不中用吗?

对此胡立阳的看法是,技术分析大多具备某种程度的统计根据,不能一笔抹煞。在胡立阳30年的实战经验中,他注意到技术分析也常会有它的盲点!特别是在熊市中,它往往会一再失灵;在年牛市中,一些以往极为灵验的技术分析法则不但会彻底失效,有时甚至还会成为"反指标"!所以,胡立阳常常提醒投资朋友,技术分析不是永远的万灵丹!

许多技术分析中的法则,举例来说,价涨量增、线型呈现多头排列、股价站上颈线……确实具有统计数码的根据,运用它们来做进出的决策常会感觉得心应手，相当具有参考价值。问题是，投资者往往忽略这些法则的适用前提，这些法则通常只适用在牛市中。在空头行情中，你如果还是依样画葫芦，不知及时修正，甚至反向操作的话，包准你在吃足苦头之余，连自己是怎么赔的都莫名其妙！

以成交量为例，在熊市中，由于缺乏赚钱效应，自然会造成交易清淡，成交量大幅萎缩。不变的是，跌深总会有个反弹；而就在反弹之初，一些自以为相当了解技术分析的"专家"便会逮住机会，立即发表高论："在未放量前，不可轻举妄动！"偏偏事与愿违，指数不断扶摇直上。几天后，投资人终于有了反应，成交量开始迅速扩增。这时，同一批"专家"又会改说："量能增加，反弹确认！"不幸的是，大盘很不捧场，开始一路回跌，股市中于是又添了一大批赔得莫名其妙的苦主！

胡立阳早已注意到，在持续低迷的行情中，当成交量开始大幅扩增时，反而是个"卖点"而不是"买点"！

在熊市中，当"线型多头排列"时，通常是个很好的卖点，而不是买点；因为大盘已经反弹一段时间，风险自然相对加大。在空头行情中，有的只是"超跌反弹"，没有在多头行情中所谓的"确认涨势"，如果分不清楚这两种状况，就会造成损失。

一些还没有吃过熊市苦头的投资顾问，在行情刚刚开始反弹时候，也会跟散户一样抱持半信半疑的态度，等到指数涨了一大截，才又后知后觉地说"线型已呈现多头排列，涨势确认"或是"黄金交叉出现，发出买进讯号"，预测结果又是"准"得令人啧啧称奇，只可惜搞错方向了！

> **金玉良言**
>
> 股市原本是很天真无邪的，但自从遇上了可怕的人类以后，为了求生存，它往往会变得令人难以捉摸甚至暴戾残酷。

点石成金：投资大师炼金术

在熊市中，技术分析不是永远的万灵丹！

小知识

多头排列

所谓多头排列，就是日线在上，以下依次为短期线、中期线、长期线，这说明我们过去买进的成本很低，做短线的、中线的、长线的都有赚头，市场一片向上，这便是典型的牛市了。多头排列代表多方（买方）力量强大，后市将由多方主导行情，此时就是中线进场的机会了。

20 亚洲篇 投资大师

曹仁超：中国香港"股神"

追涨不追跌，停损不停利！

档案资料

曹仁超

生　　于：1948年
逝　　于：2016年2月
国　　籍：中国
出 生 地：中国上海
最高学历：高中
著　　作：《论势》《论战》《论性》等

导读

香港人亲切地称他是"曹sir",也有人称他是"香港股神",他就是投资大师曹仁超。曹仁超是香港《信报》的专栏作家,以轻松有趣的笔触写了30多年的《投资者日记》,分析香港股市乃至天下大势,深得读者喜爱。而曹仁超本人并非纸上谈兵,还"真枪实弹"地在股市闯荡。经历了几起几落后,曹仁超领悟到投资真谛,其身家也从入市时的5000港元,到后来资产过亿(不包括物业)。

一、家境贫寒,少年梦想"赚大钱"

曹仁超本名曹志明,原是上海富商之后。1951年曹母带着3岁的曹仁超来到香港投奔曹父,这时候曹家的生意已经是日落西山了。曹仁超9岁时,父亲患病而半身不遂,和死神争斗三年多后,离开了人世,母亲带着曹家兄妹搬到了工厂林立的香港土瓜湾,靠做工养活三个儿女。曹母虽然出身于农村,但对子女教育要求甚严,省吃俭用坚决供三兄妹读完初中。

家境贫寒让曹仁超少年时受尽白眼。十几岁时,邻居大婶不见了一颗金子,不分青红皂白就说是曹仁超偷的,还硬要搜他的身,后来大婶找到了金子,也不向曹仁超道歉,还说:"你那么穷,偷钱是迟早的事。"之后,邻居们不管是丢了零钱,还是丢了一包速食面,都要臭骂曹仁超"偷钱佬",他就是在这样的环境下长大的。

少年时的贫穷驱使曹仁超对财富充满渴望。1967年,高中毕业时,同学们谈起各自的志向,曹仁超曾说自己的梦想就是要"赚大钱",结果引来哄堂大笑,不过,在场的人谁也没想到,40年后,曹仁超实现了梦想。

高中毕业后,曹仁超进入纺织厂当维修实习生,后来又转到一家假发厂做工,在这里认识了他的太太。之后,经过同学介绍进入证券公司,从打扫环境做起,月薪220港元。曹仁超拼命打工挣钱,每天收工后,他还跑到证券公司隔壁洋行帮人打英文信，每天赚20港元，一年下来，存了5000港元。

股市的风云激荡吸引了曹仁超，他靠这5000元起家，专门炒作高风险的鸡蛋水饺股以"挣快钱"。香港那时候买进股票后可以立即卖出，两周后才要求交款，曹仁超往往买进一小时后卖出就已经赚钱了，最高纪录是同时握有100万股股票，但其实手头现金只有1万元。在证券行工作时，他还试着投稿给各大报，其中《明报晚报》编辑林行止对他颇为欣赏，时常刊登他的文章。

透过"快进快出"，1971年时曹仁超已经赚了20万港元，钱来得这么快，让曹仁超有些"飘飘然"，但不知什么是风险，也让曹仁超栽了大跟斗。1971年，香港恒生指数从406点下跌至278点，跌幅达31.5%，这个跌幅本来不算太大，但由于曹仁超借钱炒股，加上不懂停损，之前赚的几十万又都赔了回去，最后只剩下7000港元。

金玉良言：持有蚀本股不放有两大损失： A.股价上损失， B.损失将资金投资其他项目。因此绝对要止损。

曹仁超对金钱的渴望

童年不幸激发了曹仁超对金钱的渴望

二、几起几落投资修得正果

1972年的失手并没有动摇曹仁超"赚大钱"的信念，他一口气读了许多关于投资的书籍，拿着剩下的7000港元，投入股市准备从头再来。赶上港股大牛市，曹仁超顺风顺水，到1973年1月，曹仁超感到股市已升到疯狂的地步，于是卖掉所有的股票，套现50多万港元。回忆起这段经历，曹仁超说："其实并非我老曹智慧特别高，而是时势造英雄，1970年恒生指数从100多点上升到1973年的1700点，涨了17倍之多。"

在他套现之后，股市从1月到3月，又从1200点上升至1700点，不过曹仁超不为所动。在此期间，曹仁超结婚度蜜月，他花10万港元举行婚礼，又用15万港元在香港置业，还和太太去菲律宾度了一个豪华的蜜月。

此后，市场也如曹仁超所预计的那样发生了一场股灾，恒指从1774点暴跌至1974年7月的478点；而曹仁超当时自以为是投资天才，跑赢了其他所有投资者，看着股市下跌73%，他决定底部进场了。当时他选中和记企业，从每股8港元开始一直加码，不料恒指到74年底跌到150点，和记洋行的股价竟然跌到1港元，曹仁超投资的50万港元变成了10万港元。祸不单行，曹仁超又被公司解雇，窘困之下，想到家里还有刚出生的孩子，晚上他漫无目的地徘徊在海边，差点跳海。等到次日早晨回家时，母亲和妻子眼泪汪汪地看着他。当时曹仁超发誓，在自己的有生之年，不容许同类事件再发生。

从那之后，曹仁超加入由林行止创办的《信报》，成为专栏作家。回忆起投资和记的失败，曹仁超表示，很感谢和记在他30岁前帮他上了关于投资的重要一课。

经过几次的失败，曹仁超有一定的投资经历，并认真归纳投资方法。他认为最重要的就是"停损不停利"。曹仁超说："股价就像电路，价格下跌15%，就是保险丝发出信息。"一旦股价下跌20%，他便肯定是自己眼光错误，不管任何理由，立刻认赔出场；因为留下八成实力，还有翻身的机会。

"而如果股价上升20%的话,请大家抓稳,赚就多赚一点,亏就不要超过15%"。

80年代初,政府决定每年只能卖地50公顷,曹仁超当时就批评这个叫"挤牙膏"政策——香港人排队等着刷牙,但是没有牙膏,所以牙膏很贵。他也由此看好房地产价格的走势。1982年,曹仁超出手60万港元投资了几支地产股,到1997年卖出时获得了30多倍的回报。

1990年,汇丰银行收购英国米格兰银行,曹仁超当时以8元～12元的价格买入汇丰银行,并长期持有到1997年,以80元卖出。不过之后他很后悔,因为汇丰涨到了150元。除了股票投资外,他还投资黄金和英国房地产,并且都有所收获。

金玉良言

想要投资成功,须先了解基本因素,再利用技术分析决定买卖时机,只识技术分析而不了解基本因素者,只不过会点花拳绣腿而已。

意义重大的一课

股价就像电路,价格下跌15%,就是保险丝发出信息。

和记洋行的投资为曹仁超上了意义重大的一课。

三、坚信趋势投资

"我在1974年用40万元才学回来一个经验,那就是趋势是你最好的朋友,当趋势向上的时候,不妨加入。"曹仁超表示:"我不相信价值投资,我相信的是趋势投资。"

曹仁超非常坚持自己的"趋势投资"的理念,他认为,对于价值投资中所谓的"价值",本身就难以定义;而且在不同的时间和不同的地点,同一件事物的价值也会有所不同,因此纯粹从本益比等方面去考虑是否值得投资,理由并不充分。

在曹仁超看来,黄金交叉和与之相反的死亡交叉(50天线跌破250天线),如果在美国、中国香港和沪深股市同时出现,就是比较确定的牛熊市信号,比如,2008年美国的金融海啸横扫全球,美国、中国香港和内地三个市场都同时出现死亡交叉。

他告诫投资者,千万不要在下跌的股票市场,去估计底部在哪里,而应该持有现金,等待底部出现,例如持续两周不再下跌或市场回升10%～15%。

此外,在股票市场中严守一些固有的策略或者纪律是很重要的,比如停损,当所持股票价格下降15%～20%之时,就应该停损。不停损,只能证明你是一个不守纪律的投资者。

调整中下跌的韵律是先下跌50%,如果守不住,会变成下跌61.8%,最后是78%,最严重的会达到90%。

在香港《信报》的专栏中,曹仁超曾旗帜鲜明地说,一定要注意股场法则的应用条件,如价值投资的法则只适合在牛市起步,而不适合牛市结束的时候,做投资最大的敌人就是自己的感情,"自大、看不起别人、和自己的投资谈恋爱,都是要不得的。在投资的道路上,朝三暮四、朝秦暮楚、见异思迁都是美德。"

然而，价值投资理念的基础，首先要看得远。事实上，在事情还没有发生的时候，谁也不知道自己是不是比别人看得远，因此这一点在很大程度上会变成相信自己比别人看得远；再者，就是坚定，因为相信自己拥有真正长远的眼光，而坚定地与自己的选择一起去对抗漫长岁月里的涨跌。

金玉良言：了解群众心理十分有用，因群众常常看错大市。

五大情绪导致投资失败

1. 不肯承认自己做出错误的决定。
2. 短视。
3. 做出决定后，形势有变，自己却不肯立即改变自己。
4. 过分高估自己的能力，过分低估对手。
5. 以过去的经验分析未知之事。

小知识　鸡蛋水饺股

鸡蛋水饺股之说，最初源于香港的股市，特别指市值跌至1元以下的股票，在英语中被称为penny stock。鸡蛋水饺股就是指其价格已经低于1元，因此只能以分作为计价单位的股票。在美国股市上，如果股票的价格长期低于某一价格就会被下市。

后记

后记

沃伦·巴菲特发扬了恩师的价值投资理念。

菲利普·费雪坚持走自己的成长股路线。

乔治·索罗斯把自己的思想理论运用于国际金融领域。

威廉·江恩坚持自己的技术分析路线。

他们每个人都通过自己的方式在资本市场获得巨大的成功。

这些投资大师们之所以能够取得如此显著的成就，就在于他们每个人都有自己一套完备的投资理论与法。如果每个进入资本市场的投资者都能够借鉴大师经验，形成自己的投资体系，相信复制大师们的成功路径是指日可待的。

能在资本市场长期稳健获利的投资者并不多，大概不到10%，一个没有实战经验的新手，80%会在第一年内被市场所淘汰。投资者必须充分地认识资本市场，学习成功者的经验，并结合自身的实际情况，选择适合自己的方法。

● 那么，究竟该如何借鉴成功大师们的经验呢？

1.研究投资大师成功投资的共性

在研究这些成功投资者、大师的群体时，首先要从研究成功的投资者、大师成功的共性开始，因为只有这些共性是所有成功投资者都必须具备的，而大家都能够模仿学习到的。有些投资者刚开始的时候，由于个人投资风格的某种偏好，只研究自己认为很好的某个成功投资者、大师，这样只能发掘这个成功的投资者、大师的成长特性，而忽略了其他成功的投资者、大师的共性。投资者只有发现和领悟多位成功投资者、大师的共性，发掘他们在市场中长期获胜的本质内涵，才能达到真正的学习目的。

2.研究投资大师的学习方法

研究投资大师成功投资经验是最快的学习方法，但前提条件是，大师们能很好地表达自己的经验，传授给投资者。因为有些成功投资者、大师自己操作得很好，但是没有演化为理论，就不可能很好地传授给投资者，只能靠投资者自己的投资经验和领悟能力。

也可以多看成功投资者、大师们的书籍，参加高水准的投资课程，并多和高水准的投资高手相互交流。

3.研究投资大师如何运用投资技术

在学习了成功的投资者、大师的经验后，就要将这些经验转换为自己的东西，这就需要刻苦训练。"无行则无知"，投资者只有通过一次次不停地重复，在模拟和实战中训练，在模拟和实战中掌握这些投资技术，逐步将这些投资技术养成自己稳定的投资习惯。

4.借鉴大师认知自我的方法

在研究这些成功投资者、投资大师的经验的时候，很多投资者都忽略了一个很关键的要素：在这么多投资大师的经验中，如何认识投资者自己，然后使用适合自己的分析技术。很多投资大师在他们的书籍、文献中都没有很明确地提到这个观点，但是都有详细论述，这只能靠投资者自己去体会。

● 找到属于自己的学习之路

不管你做什么工作，都必须学好相关的专业知识。做股票也一样，许多专业书籍以及学习材料，都对投资有帮助。投资工作与其他行业一样，一直在不断地向前演变，我们只有不断地补充最新知识，才能跟上投资的步伐。学习有两条路可以走：

1.自己埋头苦干，自己学习、实践、总结、再实践

投资必须从实践初中习。"纸上得来终觉浅，须知此事要恭行"，有的人喜欢看很多书、研究很多很多理论，但只是纸上谈兵，一旦进入实战，便束手无策。

就像学习开车，不管你上了多少堂课，看了多少本书，学会多少有关驾驶的理论，假如你不真正操纵汽车的话，那恐怕永远也学不会开车，更无

法面对复杂的交通状况。只有开车上路，你才会知道驾驶汽车是什么样的感觉，并不断提高自己的驾驶技能。

在投资初期，新手应该尽可能做投资交易，但是每次交易的数量应该比较小。新手出现错误的机会相对比较多。做的股票数量愈小，风险也愈小；但是必须要进行大量的实践，如果没有大量实战，就不可能积累弥足珍贵的经验，也就不可能真正学会比较复杂的技能。"站在岸边不下水的人，永远也学不会游泳"，也就是这个道理。

2.向成功者学习，复制他们的成功模式

投资者对投资运作不太熟悉的时候所走的弯路、耗费的时间和向市场缴纳的学费，都是不可控制和预算的；但是对于向成功者、投资大师学习的费用是属于可以控制的，成功不只是要达到自己获利的目标，还要看达到的时间长短。

"股神"巴菲特在他还没有确定自己的投资风格和交易体系时，他的投资经历是和所有尚未成功的投资者一样，真实的巴菲特做着同样的技术分析、打听内幕消息，整天泡在费城交易所看走势图表和找小道消息，他不是一开始就会购买翻10多倍的可口可乐股票；但是，如果巴菲特一直只靠技术分析、打听内幕消息，或许现在还只是一名和大家一样的小散户或者已经破产了。然而，巴菲特没有停下学习的脚步，他跟随价值投资大师葛拉汉学习并取得学位；1957年，又亲自向知名投资专家费雪登门求教，在好友的协助下，融合葛拉汉和费雪两者投资体系的特长，开始形成自己的"价值投资"的投资体系，在实战中不断地摸索，终于成为一代投资大师和世界首富。

通过对本书的学习，我们不难发现：

● **赢家是坚持自己原则的人**

这些伟大的投资家，都是拥有自己的投资原则，并且能够坚持自己的原则的人。

人们常说，巴菲特之所以成功，最大的原因是他早在几十年前就拥有一

后记

套能够持续盈利的投资哲学,并以一生的时间来坚持自己的投资哲学。

● **条条道路通罗马,各种方法都有可能赚钱**

大师的成功之法不尽相同。价值投资者能够赚钱,趋势投机者也能够盈利,只参与指数基金也能赚钱。

投资者需要一个方法来保证长期持续稳定倍数成长。各种投资方法都能赚钱。技术分析、基本分析、有效市场假说论和行为金融学,是解释股价波动的几种理论。根据这些理论的各种股票投资方法,都能够赚钱。

别人成功的方法,不见得适合自己,关键是要找到适合自己的方法。

● **心理学是理解股价波动的最重要因素**

方法在股票投资中,其实还不是最重要的。交易有三个组成元素:心理状态(情绪控制)、资金管理和系统开发(交易方法)。范 K.撒普博士认为心理状态是最重要的(大概占60%),其次是资金管理/投资资金确定(大概占30%),而系统开发是最不重要的(只占约10%)。

在笔者看来,这些伟大的投资家,基本上都充分利用心理因素对股价造成的波动而带来投资机会。

价值投资的实质所在,就是用远低于内在价值的价格购买股票。巴菲特常说,在别人恐惧的时候,我们不妨贪婪一点;而贪婪和恐惧出现的最大的原因就是大众心理因素造成的。或者说,没有大众心理形成的恐惧,股票价格就不会出现远低于内在价值的机会,价值投资者的安全边际就不复存在。

趋势投资的精髓在于顺势而为、截断亏损、让利润奔跑。中期趋势形成的最重要因素是心理因素。基本面是左右股市长期表现的关键,而股市中、短期的涨跌有90%是受心理因素影响。

● **三分靠本事,七分靠感觉**

在股市中,技术分析一直被很多股民奉为经典,于是,很多人一直兢兢业业地学习着技术分析,以期能够为自己盈利,但事实上,这些"半路出家"的投资者,很少有人真正能够凭技术分析获利。

对于技术分析，重点在略懂两字，比如说，30分钟线图，会画趋势线，会用极短期平均线，如是而已。其他的，就要凭感觉行事了。

感觉就像身经百战的军人和武林中的高手一样，在战场上，江湖中，他们对潜在的危机就能敏锐的感觉到。美国《管理学会期刊》的一项研究发现，实际上，"感情用事"的炒股人士往往能做出更好的决定。

他们发现，一个人在做决定时的情感活动越强烈，他的投资回报率就会越高。该研究对101位股票投资者进行了为期四周的模拟交易监控。

他们在研究报告中指出，"与'头脑越冷静越好'的普遍看法恰好相反，那些头脑容易发热的人——也就是在决策过程中情感活动较为强烈的人——能取得更大的回报。"

研究表明，"情感会让人丧失理智"这个传统的至理名言更多得是与个人对情感的理解能力有关，而不在于情感有多强烈。换句话说，那些跟着感觉走的投资者"管理"自己情感的能力更强。

正如心理学家指出的那样，对任何一位陌生人的第一印象，将会在今后当事者与之相处的过程中发挥巨大的影响。印象深与浅、好与坏将决定我们到底在今后与之深交，还是浅交，甚至是断交。

其实，经验丰富的投资者，对股市的第一感觉，也往往有着类似第一印象的功效，只不过有时无视直觉，而太过迷信技术面、基本面的分析判断，以至于错失了尽早决断，适时买卖的良机。

图书在版编目（CIP）数据

点石成金：投资大师炼金术 / 李成思著；夏易恩绘 . — 北京：中国华侨出版社，2016.7
ISBN 978-7-5113-6173-8

Ⅰ.①点… Ⅱ.①李… ②夏… Ⅲ.①投资－经验－世界 Ⅳ.① F830.59

中国版本图书馆 CIP 数据核字 (2016) 第 174898 号

点石成金：投资大师炼金术

著　　者：李成思
绘　　图：夏易恩
出 版 人：方　鸣
责任编辑：芃　霓
封面设计：王明贵
文字编辑：胡宝林
图文制作：北京水长流文化
封面供图：www.dfic.cn
经　　销：新华书店
开　　本：710mm×1000mm　1/16　　印张：13　　字数：280 千字
印　　刷：北京中创彩色印刷有限公司
版　　次：2016 年 9 月第 1 版　2016 年 9 月第 1 次印刷
书　　号：ISBN 978-7-5113-6173-8
定　　价：29.80 元

中国华侨出版社　北京市朝阳区静安里 26 号通成达大厦三层　邮编：100028
法律顾问：陈鹰律师事务所
发 行 部：(010) 58815875　　　传　　真：(010) 58815857
网　　址：www.oveaschin.com
E-mail：oveaschin@sina.com

如果发现印装质量问题，影响阅读，请与印刷厂联系调换。